做自己的律师
丛书主编/韩文生

以案说法

——物权纠纷法律指引

乌兰 主编

中国言实出版社

图书在版编目(CIP)数据

以案说法. 物权纠纷法律指引 / 乌兰主编. -- 北京：中国言实出版社，2024.11. --（做自己的律师 / 韩文生主编）. -- ISBN 978-7-5171-4964-4

Ⅰ. D920.5

中国国家版本馆CIP数据核字第2024KW7310号

以案说法——物权纠纷法律指引

责任编辑：邱　耿
责任校对：代青霞

出版发行：中国言实出版社
　　　　地　　址：北京市朝阳区北苑路180号加利大厦5号楼105室
　　　　邮　　编：100101
　　　　编辑部：北京市海淀区花园北路35号院9号楼302室
　　　　邮　　编：100083
　　　　电　　话：010-64924853（总编室）　010-64924716（发行部）
　　　　网　　址：www.zgyscbs.cn　　电子邮箱：zgyscbs@263.net

经　　销：新华书店
印　　刷：北京铭传印刷有限公司
版　　次：2025年1月第1版　　2025年1月第1次印刷
规　　格：880毫米×1230毫米　　1/32　　7.625印张
字　　数：196千字

定　　价：68.00元
书　　号：ISBN 978-7-5171-4964-4

丛书编委会

主 任

韩文生

副主任

许身健

编委（以姓氏笔画排序）

丁亚琪　乌　兰　刘　涛　刘炫麟
刘智慧　苏　宇　李　晓　李　琳
范　伟　赵　霞　臧德胜

本书编委会

主　编

乌　兰

副主编

罗　肖　高　敏

撰稿人（以姓氏笔画排序）

吕依萌	孙新宇	李　楠	李念如	李悦悦
肖海洋	何　姗	余国莲	陈素霞	罗　肖
郑全旺	徐青青	高　敏	黄　凯	焦一凡
曾　晴	温红超	雒琪珊		

总　序

　　在建设法治中国这一波澜壮阔的历史征程中，每个公民不仅是其辉煌历程的见证人，更是积极参与、奋力推动其前行的中坚力量。面对法治时代的召唤，我们如何自处？答案既简单又深远：既要成为遵纪守法的模范公民，又要勇于并善于拿起法律武器，捍卫自身合法权益。这一使命，可概括为以下四个方面：

　　一是树立法治意识。这是心灵深处的法律灯塔，照亮公民对法律的认知之路。它不仅是对法律规则的敬畏与尊重，更是内化为日常行为的自觉遵循，其强弱直接关系到法治社会的建设成效。

　　二是培养法治思维。这是开启法律智慧大门的钥匙，引领我们从法治的视角审视世界、解决问题，是推动社会公正与和谐的重要力量。

　　三是提升法治能力。这不仅是具备从法律视角发现问题、分析问题、解决问题的能力，还体现在能够依法处理各类法律事务上。随着国家治理体系和治理能力现代化的推进，法治能力是每个公民不可或缺的。

　　四是依法维护自身合法权益。法律，是公民权利的守护神。

在权益受到不法侵害时，我们不应选择沉默或妥协，而应勇敢地拿起法律武器，捍卫自己的尊严与权益。通过学习法律知识，了解法律程序，我们能够更加自信地面对挑战，确保自己的合法权益不受侵犯。

这套"做自己的律师"丛书，正是基于这样的理念与使命而诞生。它汇聚了我们身边一些常见的、真实的、典型的法律案例，通过深入解析，全方位、多角度地满足读者学习法律的需求。

丛书共9册，包括婚姻家庭继承、侵权、消费者权益保护、物权、合同、公司、劳动、刑事、行政等法律领域，为读者提供了全面而深入的法律指引。

我坚信，这套丛书将成为读者提升法治意识、培养法治思维、增强法治能力、依法维护自身合法权益的得力助手。书中丰富的案例，如同明灯一般，为读者提供可借鉴、可参考的解决方案，让法律不再是遥不可及的概念，而是触手可及、切实可行的行动指南。

我深信，当您细细品读本套丛书之时，定能更深刻地领悟法律之精髓，体会法治之真谛。在这一过程中，您将获得法律知识的全面滋养，清晰界定自己在法律框架中的位置，明确自身权利、义务与责任，从而在面对生活与工作的种种情境时，能够更加自信、有力地捍卫自己的合法权益。

本套丛书的作者包括中国政法大学的专家、学者和司法实践经验丰富的律师、法官等。尽管每位成员的工作均极为繁重，但他们以法律普及为己任，不辞辛劳，甘愿牺牲个人休息时间，夜以继日，只为将法律的精髓与智慧凝结成册，按期呈现给广大读者。在此，特向他们致以衷心的感谢！

本套丛书不仅对社会大众读者广有裨益，而且对从事立法、行政执法、司法、纪检监察、律师、公证、基层法律服务、法学教研、社区和村民自治等相关工作的人士同样具有重要参考价值。

愿法律与您同在，愿法治与您同行！

韩文生

中国政法大学法硕学院党委书记

前　言

　　财产是生存的基本保障。在社会结构日益复杂的今天，物权是构建社会秩序和个人权益的重要支柱之一。物的归属与流转，是财富创造与积累的强大推动力。作为财产法的重要组成部分，物权法是调整物权关系的法律规范，不仅关系到个人利益的得失，甚至国家的财产体系、社会整体的资源分配都深受物权法的影响。对于公民个人而言，了解自己的财产和物权是保障个人权益的基础，也是实现法治社会的关键一步。

　　本书的诞生源于对个人法律意识的重视以及对物权纠纷解决的迫切需求。我们身处一个法治进程不断深化的时代，而这一过程中，普通公民法治意识和法治能力的提升至关重要。然而，面对繁杂的法律条文和纷繁复杂的案例，许多人往往感到无从下手。因此，编写"做自己的律师"系列丛书，旨在为广大读者提供一份简明易懂、实用可行的法律指南，帮助大家更好地理解和维护自身权益。

本书编委会精选了52个日常生活中常见的物权纠纷案例，涵盖了所有权、用益物权、担保物权以及占有相关的各种情形。通过这些案例，读者不仅可以直观地了解各类物权纠纷的具体情形，还能通过"案例简介""以案说法"等模块了解法律相关规定和纠纷解决方式，掌握解决类似问题的方法和技巧。"专家建议"模块为我们日常生活中的交易、投资行为等提供了相关建议，避免财产损失的发生。

在本书的编写过程中，编委会以习近平法治思想作为指引，坚持以人民为中心的法治理念，致力于让法律更好地服务于人民群众。党的二十大报告指出："法治社会是构筑法治国家的基础。弘扬社会主义法治精神，传承中华优秀传统法律文化，引导全体人民做社会主义法治的忠实崇尚者、自觉遵守者、坚定捍卫者。建设覆盖城乡的现代公共法律服务体系，深入开展法治宣传教育，增强全民法治观念。推进多层次多领域依法治理，提升社会治理法治化水平。发挥领导干部示范带头作用，努力使尊法学法守法用法在全社会蔚然成风。"加强法治建设与提高人民法律素养是本书编写的重要动力。

希望本书能够成为广大读者在面对物权纠纷时的得力助手，为广大读者提供实用、便捷的法律指引，帮助大家更好地理解和运用法律，维护自己的合法权益。

本书编务组牟玥蓓、张海玥协助主编、副主编进行了多次统稿，最后由主编定稿。由于时间仓促，学识浅薄，书中错讹，在所难免，祈请广大读者批评指正。

愿法治之光普照我神州大地，愿人民权益永享尊重与敬畏。

本书编委会

2024年3月6日

目 录

第一篇 所有权纠纷化解

一、财产归属纠纷

集体经济组织成员权益不容忽视 / 2

如何证明遗失物是自己的 / 6

财产新增添附物归谁所有 / 10

拾得漂流物如何处理 / 14

商品房一房数卖该归谁 / 17

善意取得,维护商品交易的正常秩序 / 21

借名买房还需慎之又慎 / 25

二、建筑物区分所有权纠纷

邻居擅自"住改商"业主该如何维权 / 29

建筑物天台被个别业主"霸占"如何处理 / 33

人防停车位是否归业主所有 / 37

业主是否可以复制收支财务凭证 / 41

业主如何撤销业主委员会决定 / 45

三、相邻关系纠纷

相邻排水矛盾如何化解 / 50

相邻土地、建筑物利用关系纠纷如何化解 / 54

相邻采光、日照纠纷如何化解 / 58

相邻污染侵害纠纷如何化解 / 61

相邻损害防免关系纠纷如何化解 / 65

四、共有纠纷

共有人能单独处分共有财产吗 / 69

共有房产如何分割 / 74

债务人仅有共有财产，债权人如何实现债权 / 79

第二篇 用益物权纠纷化解

一、土地承包经营权纠纷

土地承包时遗漏家庭成员如何解决 / 86

土地承包经营权能否继承 / 90

农村外嫁女如何保障农村土地承包经营权 / 95

二、建设用地使用权纠纷

一地数卖，花落谁家 / 99

三、宅基地使用权纠纷

农村宅基地买卖是否有效及如何应对 / 103

四、居住权纠纷

如何处理《民法典》实施前签订的居住协议 / 107

五、地役权纠纷

签订地役权合同应该注意哪些事项 / 112

六、准物权纠纷

海域使用权人被侵权该如何主张权利 / 117

探矿权的损失赔偿应当如何确定 / 121

从事水域、滩涂养殖生产须登记 / 127

依法享有的捕捞权受损如何主张赔偿 / 131

第三篇 担保物权纠纷化解

一、抵押权纠纷

公证不真实事项造成侵权谁来担责 / 138

购置了被开发商抵押的房屋怎么办 / 143

以矿业权做抵押怎样才能产生法律效力 / 147

抵押权人有权就抵押的采矿权变卖款优先受偿 / 151

汽车抵押权人可以排除强制执行 / 155

设定动产浮动抵押谨防风险 / 159

既存债权可转入最高额担保范围 / 164

二、质权纠纷

享有质押权的汽车能否使用 / 168

以转质方式购买汽车恐有风险 / 172

债权转让后最高额质权如何实现 / 176

存单质押的风险与防范 / 179

质权人可以收取质押股权的股息 / 184

股权质押流质条款无效 / 188

三、留置权纠纷

关于留置权的那些事儿 / 191

留置权人保管不善造成损失需予以赔偿 / 195

四、非典型担保纠纷

以所有权保留方式购买车辆如何认定 / 199

用让与房屋作担保的买卖合同无效 / 202

股权可以让与担保 / 207

第四篇　占有保护纠纷化解

房屋被侵占如何维权 / 212

车位被他人占用如何维权 / 217

谁在占有虚拟产权式商铺 / 221

第一篇　所有权纠纷化解

一、财产归属纠纷

集体经济组织成员权益不容忽视

村集体经济组织是指我国农村社区和乡村中由党委、政府与村委会主持成立的村级经济组织，其经营管理权在村委会和村民代表会议中集中行使。当前我国农村集体经济组织成员权的取得和丧失缺乏统一、明确、权威的判断标准，并由此引发了一些矛盾纠纷。

一、案例简介

（一）基本案情

吴某于1997年5月31日出生，出生后于2005年10月11日进行出生申报，将户籍随母亲叶某落户于林家村四队。吴某及其母亲叶某享有林家村四队的农村土地承包经营权，吴某的外祖父叶某某作为户主享有林家村四队的土地承包经营权。

2023年3月6日，林家村将土地承包给案外人吴某，并获得土地承包款，遂召开村民会议制定土地承包款的分配方案，作出每人发放土地承包款16800元的方案，该方案由林家村负责人张某发送至林家村的微信聊天群。在2023年4月1日款项实际发放后，张某提示村民查看收款账户是否有款项到账。2023年3

月29日，林家村就椰子沟续租问题召开村民会议，并就续租的款项进行了分配。林家村四队对该续租获得的土地承包款按照每人4000元的标准予以发放。吴某认为林家村以其系村民外孙为由，拒绝向其发放土地承包款，侵害其作为集体经济组织实际成员的权益。林家村四队认为，吴某的外祖父已作出了叶某的子女不享受林家村小组一切利益的保证书，且不向吴某发放款项也是村小组民主决议的结果。因上述诉争，引发本案纠纷，诉至人民法院。

（二）法院裁决

法院认为，吴某具有林家村四队集体经济组织成员资格。林家村以吴某系村民外孙为由拒绝向其支付土地收益款，该行为违反了法律规定，侵害了吴某的合法权益。遂判决林家村村民委员会四村民小组支付给吴某土地承包款20800元。

二、以案说法

本案的争议焦点是吴某是否具有林家村四队的集体经济组织成员资格，是否应享受集体经济组织成员权益。集体经济组织成员资格的认定，应以人民政府的征地补偿安置方案确定时是否以本集体经济组织的土地为基本生活保障作为基本依据，兼顾是否具有本集体经济组织户籍以及是否在本集体经济组织形成较为固定的生产、生活作为判断标准。本案中，吴某于1997年5月31日出生，出生后于2005年10月11日落户林家村四队，之后再未迁出，且林家村四队没有证据证明吴某在其他集体经济组织享有过征地补偿款等福利。据此可知案涉土地收益安置方案确定时，吴某具有林家村四队集体经济组织成员资格。

根据《最高人民法院关于审理涉及农村土地承包纠纷案件

适用法律问题的解释》第二十二条"农村集体经济组织或者村民委员会、村民小组,可以依照法律规定的民主议定程序,决定在本集体经济组织内部分配已经收到的土地补偿费。征地补偿安置方案确定时已经具有本集体经济组织成员资格的人,请求支付相应份额的,应予支持"。《中华人民共和国村民委员会组织法》第二十七条第二款规定:"村民自治章程、村规民约以及村民会议或者村民代表会议的决定不得与宪法、法律、法规和国家的政策相抵触,不得有侵犯村民的人身权利、民主权利和合法财产权利的内容",本案中,吴某在土地收益安置方案确定时已经具有林家村四队集体经济组织成员资格,应当与林家村其他村民平等地享有分配土地收益款的权利。林家村因2023年将两块土地发包给案外人获得了承包款,并召开村民会议,给本村村民每人分配两笔款项:4000元和16800元,但以吴某系外孙为由拒绝向吴某支付土地收益款,该行为违反了法律规定,侵害了吴某的合法权益。即便吴某的外祖父作为户主表示吴某作为叶某的子女,保证不享受村小组的权益,也应当由吴某或其当时的法定代理人即其父母作出该意思表示,外祖父非吴某法定代理人,无权作出该意思表示。

三、专家建议

村集体经济组织是乡村自治法中的重要组织,根据法律规定,其职责之一就是组织和发展村集体经济。村集体经济组织是为村内的经济发展服务,其成立后,代表村集体行使主体资格,在承包土地、从事农副产品生产和销售、农村基础设施建设及公共事业等方面都具有重要的作用。村集体经济组织在做决策时,首先要贯彻民主集中制原则;其次要充分保障每位村集体经济组织成员权益;最后不应违反法律法规的强制性规定。

四、关联法条

《中华人民共和国民法典》第三条；

《中华人民共和国村民委员会组织法》第二十七条；

《最高人民法院关于审理涉及农村土地承包纠纷案件适用法律问题的解释》第二十二条。

如何证明遗失物是自己的

遗失物品是日常生活中难免之事,对于价值低的物品权利人往往不在意,但索回价高之遗失物常会产生纠纷,而在遗失物返还纠纷中最值得争议的问题就是举证,即如何证实拾得之物就是自己丢失之物。司法实践中多数拾得人拒不承认或称拾得物品丢失,从而导致权利人不得不事无巨细地搜罗遗失物的相关信息资料,但因为实物难以取证,因此败诉的案例也时有发生。拾得遗失物及时返还权利人是对"拾金不昧"优良传统美德的传承,正确处理遗失物举证问题也是彰显此种美德、惩处德行有亏之人的关键。

一、案例简介

(一)基本案情

孟某于2021年10月20日在葫芦岛市南票区八将村自己家厕所旁边不慎将自己所戴的一只金手镯丢失。2021年10月25日见证人于某告诉孟某及其丈夫姜某说是她和李某在2021年10月21日共同到孟某家厕所解手时,李某捡到一只金手镯。第二天姜某和虹南村的朋友王某一起去找李某索要丢失的金手镯,李某丈夫杨某承认李某是捡到一只金手镯,杨某当场向姜某和王某索要人民币5000元,然后才能返还金手镯,当时姜某表示同意给3000元钱,杨某嫌给的钱少不同意返还金手镯。2021年10月28日孟某女儿小姜报警,南票区金星镇公安派出所让孟某起诉李某,遂诉至法院。①

(二)法院裁决

1. 一审判决

一审法院认为庭审中原告对自己丢失的金手镯与被告李某所捡物件是否为同一物,未能提供充分证据予以证明,且现场证人于某于庭审时陈述对原告和金手镯一概不知。故证人证言无法证实其所看到的被告所捡之物即为原告所丢失之物。原告金手镯丢失后,其丈夫虽找过证人王某前往被告李某家协商返还遗失物一事,但被告李某并未在家,也未承认过其所捡之物即为原告丢失之物,且证人在被告家中也未曾见到其所捡之物,无法证实原告之主张,故不支持原告诉讼请求。

2. 二审判决

二审法院认为综合所有证据考虑李某拾得孟某遗失的金手镯具有高度的可能性,应当认定李某所拾得的金手镯即为孟某遗失的金手镯。遂撤销葫芦岛市南票区人民法院(2022)辽1404民初31号民事判决,李某于本判决生效后五日内将拾得的金手镯返还给孟某,如不能返还,作价赔偿5000元。

二、以案说法

本案争议焦点为能否认定孟某遗失的金手镯为李某所拾得。

遗失物即指无人占有,但是有所有权人的动产②,其特征主要有:遗失物为有主动产;占有人丧失占有;处于无人占有的状态。

---

① 详可参见(2022)辽14民终1960号民事判决书。
② 王泽鉴:《民法物权》,北京:中国政法大学出版社2001年版,第238页。

通常来说原告上诉案件为遗失物纠纷案不难判断，但难点在于在被告拒不承认的情形下难以取证。关于遗失物的外观、重量、数量等仅全凭原告一方描述，而一旦被告矢口否认就不得不让原告陷入"哑巴吃黄连，有苦说不出"的无奈境地。此外法庭"重证据而不重口供"，若想顺利拿回遗失物，原告就必须拿出有力的证据，甚至包括遗失物的购买发票、遗失监控等等，但众所周知此等苛刻的条件往往难以一一实现，因此在认定该类案件时应适当放低对证据的要求，保障权利人能顺利拿回遗失物。

一般诉讼中要求原告对其主张事实进行举证，证据包括：当事人陈述、书证、物证、视听资料、电子数据、证人证言、鉴定意见、勘验笔录，并要求举证证据真实、具有唯一指向性且与案件关联紧密，经过对方质证后方可成为法官决断的信息。如果说在通常的民事诉讼中纠纷双方确定无疑，只不过针对利益问题进行辩论的话，那么在遗失物纠纷案件中更像是原告一个人的"独角戏"，因为被告通常不会承认自己就是捡东西的人抑或是说明已将东西丢失，企图撇清关系，故在此类案件中不能将证据的要求抬高至普通诉讼一般严格，而应当以"高度盖然性"作为标准判断。

在本案中孟某提供了遗失金手镯的购货发票、遗失地点的监控视频等证据，亦有证人王某、李某的证言佐证，甚至李某本人也承认其在遗失地点捡到过一只类似的金手镯，但即便如此一审判决仍以证据不足不能成立为由驳回孟某诉讼请求。在本案中一审要求的举证是客观不可能完成的，法不强人所难，不能强行要求原告孟某将所有事实举证清晰，故二审在庭审中遵循《最高人民法院关于适用〈中华人民共和国民事诉讼法〉的解释》第一百零八条第一款规定，即"对负有举证证明责任的当事人提供的证据，人民法院经审查并结合相关事实，确信待证事实的存在具有高度可能性的，应当认定该事实存在"，确认李某所捡拾的是孟某丢失的金手镯。

需要注意的是拾得遗失物后拾得人负有妥善保管遗失物的义务，因故意或重大过失致使遗失物毁损、灭失的，需要承担民事责任。权利人在领取遗失物时，应当向拾得人或有关部门支付保管遗失物等支出的必要费用。另外，如若权利人以悬赏的方式寻找遗失物，则拾得人归还遗失物时可请求其履行义务。

三、专家建议

拾金不昧是中华民族的传统美德，千万不要被一时的小利蒙蔽了双眼，损了他人钱财，更败了自身的德行。捡到他人之物及时归还可能收获一份友情甚至报酬，而拒不归还、占为己有则有可能在法庭上针锋相对。遗失物权利人应当尽量收集证据，证明自己是遗失物所有人，例如购物发票、佩戴照片、监控视频、图案设计，甚至是证人证言等。鉴于日常生活中，普通人不可能对自己所有的财物一一留存证据，只要权利人能够证明遗失物很可能属于自己，就能要求拾得人返还。

四、关联法条

《中华人民共和国民法典》第三百一十二条、第三百一十四条、第三百一十六条、第三百一十七条、第三百一十八条；

《最高人民法院关于适用〈中华人民共和国民事诉讼法〉的解释》第一百零八条。

财产新增添附物归谁所有

当财产和财产结合在一起的时候，就形成了新的财产，法律上也对这种形式的财产进行了规定，这就是添附。所谓添附，是指不同所有人的财产合并在一起形成不能分离的财产的一种法律事实。它包括附合、混合和加工。附合、混合、加工后出现的附合物、混合物、加工物统称为添附物。添附是财产所有权获得与丧失的原因之一。实践中，因财产所有人与非财产所有人对添附物约定不清，很可能因为原物所有权、添附物归属以及添附物拆除或者补偿等产生纠纷。

一、案例简介

（一）基本案情

邹某、方某系夫妻关系，邹某与邹某一系兄弟关系，邹某二、邹某三系邹某与方某的子女，邹某于2010年初去世。从1985年起，邹某一向村委会购买一块面积为0.48亩（约320 ㎡）土地，并申建一座一层的房屋（审批占地面积为198.6 ㎡）。1987年9月，邹某一又向政府部门申请续建（加层）原房屋，又续建两层，建成三层楼房。在此前和此后，经过政府的多次清地和清房，邹某一按规定先后向政府部门补缴了相应的建房使用土地款、建房配套费、超面积罚款等费用。嗣后，邹某一又分三次向邻居购买了案涉房屋相邻土地，合计200余㎡。

1999年9月，邹某与邹某二、邹某三父子三人在案涉房屋后院的一块空地上扩建起一间四层的房屋（占地面积为28.08 ㎡、建筑面积为112.32 ㎡）、改建后院一间三层的房屋（占地面积为27.06 ㎡、建筑面积为81.18 ㎡）和前院一个半圆形旋转楼梯（占地面积为21.53 ㎡、建筑面积64.59 ㎡）及第四层扩建加层走廊通道（建筑面积为110.9 ㎡）等建筑物，后因邹某父子三人未取得该四处改扩建部分的建设工程规划许可证，被城市规划局责令拆除并被行政处罚。邹某父子三人在后院扩建的一间四层房间，与前面的房屋各层连通（二层由邹某三使用，一、三、四层由邹某二使用）；第四层扩建加层空间部分，做成一个走廊通道，以便通往后院扩建的第四层的房间。在邹某去世后，邹某一一家人与邹某二、邹某三一家人不断产生矛盾纠纷，甚至发展到两家人相互发生肢体冲突。2019年，邹某一多次要求邹某二退还案涉房屋，并搬离××街××号里面的房屋无果。

　　2016年7月6日，邹某三经与邹某一协商，双方签订一份《协议》，约定：邹某三把居住在××街××号里面一幢三层房屋的第二层靠东面三开间和第一层两开间的房屋归还给邹某一。邹某一在收回上述房屋的同日一次性支付给邹某三40万元。之后，邹某一依约将40万元转账给邹某三，邹某三也依约搬离了上述协议中所提及的房屋，并移交给邹某一。

　　邹某三于2016年7月搬离案涉房屋移交给邹某一时，一并将其母亲方某带走，目前方某随邹某三共同居住生活；邹某三于2016年归还的房间，邹某一已于2016年改造成幼儿园宿舍。因邹某二占有部分扩建房屋，邹某一将其诉至人民法院，要求其腾退房屋。

(二)法院裁决

法院认为,邹某等扩建房屋及加层属于邹某一所建造房屋的添附物,遂判决案涉房屋(第一、第三、第四层)(包括:前院改建的楼梯部分、后院改建的第三层厨房部分、后院扩建的第一、第三、第四层的房间、第四层加层的走廊通道部分)的占用使用权归邹某一所有;邹某二腾退房屋并移交给邹某一管理。

二、以案说法

本案是返还原物、添附物归属纠纷。争议焦点在于:一、确认原物占有使用权;二、确认添附物归属;三、原物所有权人是否应向添附人给予相应添附物补偿。

因双方所诉标的物属于不动产,依照法律和司法解释规定,已登记的不动产,按照不动产登记簿判断确定权利人;未登记的建筑物、构筑物及其附属设施,按照土地使用权登记簿、建设工程规划许可、施工许可等相关证据判断确定权利人。在本案中,案涉房屋未办理不动产权属登记,案涉房屋及所占范围土地的权属根据购地发票、建房用地申请、续(翻)建房申请材料、合同协议等原始证据,可认定案涉房屋及其所占范围土地是由邹某一出资购买和建造,因此案涉房屋占有使用权应归邹某一所有。

邹某的改扩建、加层的建筑物,已与案涉房屋形成了不可分割的一部分,形成了新的添附物。邹某改扩建、加层的房屋和楼梯,是建立在由邹某一购买的土地上,邹某改扩建的建筑物不仅土地占用面积、建筑面积,还是房产价值和实际功能上或者建造成本上,远低于案涉房屋。相对于邹某一修建的房屋而言,邹某所建造的不动产是从物,邹某一修建的房屋是主物,两者是主从物关系,从物依附于主物。为充分发挥物的效用以及保护无过错当事人的原则,并综合"房随地走,地随房走"规则及邹某三已将其原居住的房间归还给邹某一改作幼儿园之用的事实,邹某改扩建的建筑物的占有使用权宜归邹某一享有,更能发挥建筑物的实际效用,防止资源浪费,防止两家人再生恩怨与矛盾。

在邹某父子居住使用期间,有对案涉房屋进行了改扩建部分、加层部分和对所居住的房间进行了装修,邹某一属于无法律依据的受益者,根据《中华人民共和国民法典》第三百二十二条规定:"因加工、附合、混合而产生的物的归属,有约定的,按照约定;没有约定或者约定不明确的,依照法律规定;法律没有规定的,按照充分发挥物的效用以及保护无过错当事人的原则确定。因一方当事人的过错或者确定物的归属造成另一方当事人损害的,应当给予赔偿或者补偿。"邹某一应就邹某父子改扩建、加层的房屋和楼梯费用及对案涉房间内部的装修部分给予合理补偿。

三、专家建议

实践中,像本案共同使用原物而增加添附物,或者在使用租赁物时增加添附物时有发生,往往在增加添附物之时双方未充分协商,而在不再使用共有物或解除租赁关系时,就添附物的归属或补偿产生争议。所以,非财产所有人在使用他人的财产增添附属物时,应征得财产所有人同意,并就财产返还时附属物如何处理作出约定,以保护原物所有人及添附物增加人双方的合法权益。

四、关联法条

《中华人民共和国民法典》第三百二十二条;

《最高人民法院关于贯彻执行〈中华人民共和国民法通则〉若干问题的意见(试行)》第八十六条。

拾得漂流物如何处理

日常生活中,居住在河边或者海边的居民经常遇到船只被水冲走。特别是在汛期,经常有树木、牲畜等物品被洪水冲往下游,下游居民拾得此类物品的现象时有发生。无论从道德层面,还是法律层面,漂流物拾得者都应该将漂流物归还原物主。可现实生活中,漂流物所有权人与漂流物拾得人往往因为保管费用等问题产生争议,很难达成一致意见,从而造成漂流物不能及时返还于所有权人。

一、案例简介

(一)基本案情

2013年8月,刘某购买材料自制铁船一艘,该船停靠在自家附近的河边。同年12月17日早晨,在自家渔船上休息的张某,发现从上游河段漂来涉案船只,张某用自家船将其牵到河岸,并将拾得船只一事告知本村村委会主任张三。2014年3月29日,刘某在张某处发现了涉案船只,并要求返还,但因保管船只支出的必要费用未达成一致意见,张某未将船只返还给刘某。2014年4月18日,张某所在地派出所及村民委员会对此案进行了调解,当事人再次因保管船只支出的必要费用没有达成一致意见,该案未调解成功,现该船只在张某处保管。2014年12月18日,刘某在其本人所在地公安局下属派出所报警,该派出所以盗窃案对本案进行立案侦查，2015年1月23日，该公安局以侦查过程中发现无犯罪事实为由出具了撤销案件决定书。在保管船只期间，张某使用该船只进行过捕鱼作业。双方因保管费问题，争议较大，虽经过当地派出所、村民委员会等部门调解，但一直未达成一致意见。2015年3月12日，刘某将张某诉至人民法院，要求张某返还船只；同时张某要求刘某给付相应保管必要支出费用。

（二）法院裁决

法院认为，刘某系涉案船只的所有权人，张某拾得船只后应该返还给刘某；同时张某保管船只有必要费用支出，刘某应支付给张某。遂判决：一、由张某于判决生效后十日内将其拾得的铁船一艘返还刘某；二、由刘某在判决生效后十日内向张某支付船只保管必要费用1200元。

二、以案说法

本案系漂流物返还纠纷。争议焦点系刘某是否具有要求张某返还涉案船只的权利；张某能否向刘某主张保管船只必要支出费用。根据《中华人民共和国民法典》(以下简称《民法典》)第三百一十四条、第三百一十九条规定，所有权人有权要求返回漂流物。拾得人拾得漂流物，应该返还权利人或交送公安等有关机关，拾得人在拾得漂流物返还权利人或者送交相关部门前有妥善保管的义务。本案中刘某提交了造船清单等证据，其系涉案船只所有权人，且张某同意将拾得的船只返还给刘某，所以刘某具有要求张某返还船只的权利。

张某辩称要求法院依法判决刘某支付保管费给自己。刘某要求张某返还涉案船只，虽然经当地公安机关及村民委员会调解，但因保管费未达成一致意见，张某未将船只返还给刘某。根据法律规定，拾得漂流物，应当及时通知权利人领取，权利人在领取漂流物时，应当向拾得人支付保管漂流物等支出的必要费用。本案中张某拾得船只，应该及时通知刘某领取，在刘某要求张某返还船只时，张某应该及时将该船只返还给刘某，但张某未及时将船只返还给刘某。在2014年3月29日之前，张某对该船只的占有系善意保管，可主张必要保管费，但2014年3月29日之后，张某因保管费拒绝返还船只，由此所支出的必要保管费，其无权再予以主张。因张某在保管船只期间，使用过保管的船只进行捕鱼作业，故可适当减少刘某向张某支付保管船只的必要费用。

三、专家建议

《民法典》规定在处理漂流物、埋藏物返还纠纷时，参照遗失物相关规定。因此，漂流物所有权人以及拾得漂流物人具有如下权利和义务：1.漂流物所有权人具有要求拾得漂流物人返还原物的权利；同时，漂流物权利人具有妥善保管漂流物以及妥善保管漂流物所有权证明的义务；2.漂流物拾得人虽然不能取得漂流物的所有权，也不具有要求漂流物所有权人支付报酬的权利，但具有要求漂流物所有权人支付因保管漂流物所支出的必要费用的权利，还可以基于权利人的悬赏广告享有相应的报酬请求权；同时，漂流物拾得人具有妥善保管漂流物的义务，因故意或者重大过失致使漂流物毁损、灭失的，应当承担赔偿责任。

四、关联法条

《中华人民共和国民法典》第三百一十二条、第三百一十三条、第三百一十四条、第三百一十五条、第三百一十六条、第三百一十七条、第三百一十八条、第三百一十九条。

商品房一房数卖该归谁

房地产市场异常火爆期间，商品房一房数卖的现象更是愈发频繁，大量此类案件涌入法院。在司法实践中一旦发生一房数卖的情况，就会使得房屋交易的买受人存在较大的风险，也会影响到其在交易中享有的合法权益的实现，最终降低安全交易的可能、破坏市场经济的稳定性，因此如何正确处理该问题至关重要。

一、案例简介

（一）基本案情

2012年11月8日，金某（甲方）、高某萍（甲方房屋共有产权人）与高某桂（乙方）签订《拆迁安置房买卖合同》，2013年8月16日高某桂按合同约定支付最后一笔购房款50000元，但金某、高某萍在2016年1月选中讼争安置房屋并办理交房手续后，未依约将房屋交付给高某桂。2016年8月24日，金某（甲方）与陈某（乙方）签订《房屋买卖合同》，合同签订后陈某于2016年8月24日、2016年9月21日向金某的约定账户分别转账500000元、308110元并于其后实际使用讼争房屋到2019年7月5日。2019年7月6日，讼争房屋由高某桂居住使用。陈某认为判决损害其合法利益，故诉至法院。[1]

---

[1] 详可参见（2020）闽民终1709号民事判决书。

(二)法院裁决

1. 一审判决

一审法院认为陈某虽然于2016年8月与金某签订了《房屋买卖合同》,并支付了大部分购房款,但其对讼争房屋并不享有物权。陈某以其实际占有房屋为由主张其权利应予以优先保护,生效判决侵犯其合法权益,于法无据,不予支持。陈某与金某、高某萍之间的房屋买卖合同纠纷,陈某可另行向金某、高某萍主张权利。故驳回陈某所有诉讼请求。

2. 二审判决

二审认为陈某对讼争房屋的占有、使用是合法和有效的,其合法权利应优先予以保护。高某桂诉请金某、高某萍交付已由陈某合法占有的讼争房屋,损害了第三人陈某的合法权益,故支持陈某请求撤销闽侯县法院(2018)闽0121民初2972号民事判决及福州中院(2019)闽01民终4247号民事判决的请求,并确认一审判决驳回陈某的诉讼请求错误。高某桂主张陈某与金某签订的《房屋买卖合同》涉嫌伪造,依据不足,不予采纳。

二、以案说法

本案争议的焦点问题是金某、高某萍先后与高某桂和陈某分别签订的两份《房屋买卖合同》应当履行哪一份合同的问题,即一房数卖应当优先履行哪一个合同,谁可以取得房屋的所有权。

一房数卖,是指房屋的所有权人与两个以上买受人就该房屋订立多份房屋买卖合同,这里的"房屋"应限定在市场上可用来买卖交易的商品房,同时应符合在交易市场上可以自由流转且不受法律、法规以及各项政策的限制。一般讲的商品房是指可用于交易的房屋的总称,商业用房、用于居住的房屋还有商住两用的房屋都属于商品房。本案中产生纠纷的安置房屋即属于该范围。

涉及一房数卖问题时应明确我国现行法律所规定的具体规则，即审理一房数卖纠纷案件时，如果数份合同均有效且买受人均要求履行合同的，一般应按照已经办理房屋所有权变更登记、合法占有房屋以及合同履行情况、买卖合同成立先后等顺序确定权利保护顺位。但恶意办理登记的买受人，其权利不能优先于已经合法占有该房屋的买受人。法条规定清晰明确，但司法实践中的事实情况往往更为复杂，在此类纠纷中双方当事人都各执一词，证据也是各有不同，因此需要法官在审理过程中查明事实，理顺案件逻辑，找寻最为正确的判决思路。

本案中原房屋所有权人金某、高某萍先后与高某桂和陈某签订同一套房屋的《房屋买卖合同》，已属于"一房多卖"的情形，应当依据现行法律规定判定履行哪一方合同。已知高某桂虽然先于陈某签订购房合同且已经支付相关款项，但始终未办理登记，亦未实际占有涉案房屋，而后签订合同的陈某则根据合同实际使用涉案房屋至2019年7月5日，属于房屋的实际占有人，虽7月6日之后由高某桂占有房屋，但这是在判决尚未生效的情况下，高某桂带领十几个人赶走陈某的租户并强行搬入诉争房屋的结果，且最终该判决被撤销，因此高某桂并非房屋的实际占有人，因此在这一场"一房数卖"的纠纷中应毫无疑问地先保护占有人陈某的合法利益。

此外在"一房数卖"中要注意辨别"恶意买受人"，此处的"恶意"可以结合签订合同的内容、地点、时间、交易方式、不动产登记簿登记内容等因素综合考虑。

三、专家建议

房屋是安家立命、遮风避雨的港湾,因此在进行房屋交易时要慎之又慎,仔细查询所购买房屋是否存在瑕疵,以避免入住之后产生不必要的麻烦。房屋所有人在出卖房屋时要信守承诺,不要为了一时的小利惹起更多的麻烦,如果买卖双方都能彼此尊重信任,那么"一房数卖"的尴尬境地想必也会减少许多。在购买商品房后,买受人应及时请求出卖人履行房屋买卖合同,办理房屋过户登记,及早交房或者交钥匙,尽量规避可能出现的风险。

四、关联法条

《中华人民共和国民法典》第二百零九条、第二百一十四条、第二百一十五条、第二百二十一条。

善意取得，维护商品交易的正常秩序

正常的财产交易则是财产所有人出卖自己所有的财产，购买人依约定价格购买财产的过程。然而，财产交易也会存在无权处分人将他人所有的财产予以处分的情形。在受让人购买无权处分人出售的财产后，是否应予以返还给财产权利人，则需要考量购买人在购买该财产时是否构成善意取得。

一、案例简介

（一）基本案情

李某与臧某系夫妻关系，二人于1993年10月19日登记结婚。李某曾诉至法院要求离婚被驳回，后又于2023年1月6日再次起诉至法院要求与臧某离婚，该案因臧某之父就臧某名下两套房屋提起所有权确认诉讼中止审理。

坐落天津市河东区的房屋（以下简称案涉房屋）购买于2002年11月，建筑面积121.56平方米，登记在臧某名下，该房屋的原不动产权证书上未有共有人记载。2023年1月30日，臧某与朱某签订了《天津市存量房屋买卖协议》（以下简称案涉协议），记载臧某将案涉房屋以242万元的价格出售给朱某，付款方式为一次性付款。朱某已于2023年1月31日取得了案涉房屋的不动产权证书，亦已实际占有并使用案涉房屋。

2023年1月29日，臧某、朱某作为甲方、乙方与丙方（居间方）天津市某房地产经纪有限公司签订《房屋买卖居间合同》一份，记载臧某将案涉房屋以242万元的价格出售给朱某，定金5万元，于2023年1月29日给付臧某，剩余房款237万元于2023年1月30日之前筹齐，2月10日臧某将案涉房屋交付朱某。

2023年1月29日，朱某之夫丁某通过支付宝转账向臧某支付了5万元，臧某给朱某出具了定金收条。同日朱某向房产经纪公司支付了居间服务费21780元。2023年1月30日，朱某通过中国农业银行给臧某转账83万元，丁某通过建设银行给臧某转账54万元，朱某通过二手房资金监管账户向臧某支付了100万元。

李某在得知臧某将案涉房屋卖与朱某后，认为臧某单独将与其共有的房屋卖与朱某，属于无权处分。遂向人民法院提起诉讼，要求确认臧某、朱某签订的《天津存量房屋买卖协议》无效。

（二）法院裁决

法院认为朱某已构成善意取得，判决臧某与朱某于2023年1月30日所签的《天津市存量房屋买卖协议》有效。

二、以案说法

本案的争议焦点是朱某购买臧某出售的房屋的行为是否构成善意取得。《中华人民共和国民法典》第三百一十一条第一款规定："无处分权人将不动产或者动产转让给受让人的，所有权人有权追回；除法律另有规定外，符合下列情形的，受让人取得该不动产或者动产的所有权：（一）受让人受让该不动产或者动产时是善意；（二）以合理的价格转让；（三）转让的不动产或者动产依照法律规定应当登记的已经登记，不需要登记的已经交付给受让人。"

首先，需要考量的是朱某购买房屋时，主观上是否为善意。

朱某实际购买房屋的价格为242万元，并已实际支付给臧某。案涉房屋的原不动产权证书上记载案涉房屋为臧某所有，未记载共有人情形，因此对于朱某在购买案涉房屋过程中未审查臧某的婚姻状况及案涉房屋是不是夫妻共有财产一节，不能认定其存在故意或重大过失进而认定其受让案涉房屋不构成善意，应认定朱某在受让案涉房屋时是善意。

其次，关于案涉房屋是否以合理价格转让。影响房屋价格的因素有很多，主要包括政策影响、楼座位置、开发商品牌、房屋自身因素等。本案中臧某与朱某均以贝壳找房APP上公开发布的二手房交易价格作为参考，虽然上下略有浮动，但考虑到房屋具体情况、成交时间及房地产市场的波动等因素，可以看出242万元的价格基本符合该小区房屋的市场价格，不存在明显偏低情形，可以认定案涉房屋是以合理价格转让。

最后，关于所有权转移是否完成一节，案涉房屋作为不动产，朱某不但已依照法律规定进行了不动产物权登记，且已实际取得了案涉房屋，故应当认定所有权转移已经完成。

综合上述意见，臧某与朱某之间真实意思表示及实际履行的是买卖合同，因此即使臧某对案涉房屋无权单独处分，朱某也已构成了善意取得。

三、专家建议

善意取得作为一项重要的民事法律制度，其目的在于保护占有者的公信力，保障交易安全，鼓励交易，维护商品交易的正常秩序，促进市场经济的有序发展。善意取得制度承认善意买受人可以即时取得所有权，则交易者就能放心地进行交易，从而有利于市场经济的健康发展。然而，并不是所有的动产或不动产都适用善意取得，下列财产即不适用：1.法律禁止和限制流通的动产；2.被查封的财产。所以，购买财产是否构成善意取得，不能一概而论，应根据交易之时具体情况及交易财产属性而定。

四、关联法条

《中华人民共和国民法典》第三百一十一条；

《最高人民法院关于适用〈中华人民共和国民法典〉物权编的解释（一）》第十四条、第十五条、第十八条。

借名买房还需慎之又慎

出于限购政策、债务纠纷等多种因素，借名买房案件在司法实践中时常出现。借名买房是指房屋的实际出资人借用他人名义购房，并以他人名义登记房屋所有权的行为，房屋的实际出资人为事实购房人或者真正购房人，被借名之人为登记购房人。司法实践中，购房人多半会借用亲属或朋友之名购买房屋，虽然在购买房屋时基于亲情或友情不会出现问题，但随着时间的推移，客观情况发生变化，总会出现这样那样的问题，轻则出现权属、财物等争执，重则对簿公堂。所以，借名买房还需慎重！

一、案例简介

（一）基本案情

王某与杨某系朋友关系，2013年5月，王某与杨某经协商达成口头合意，由王某以杨某的名义购房。同月17日，王某与案外人宋某签订一份《房地产买卖居间协议》，向宋某求购涉案房屋。同月20日，杨某与王某女儿王小某作为买受方、宋某作为出售方，双方签订《××市房地产买卖合同》。2013年6月，杨某作为借款人、第三人兴业银行××支行作为贷款人，双方签订《个人购房担保借款合同》，杨某向第三人借款750万元，并以涉案房屋作为抵押担保。该款用于支付宋某的房款。2013年7月，涉案房屋产权转移登记至杨某、王小某名下，第三人兴业银行××支行作为抵押权人亦办理了抵押登记手续。此后,王某按月出资用于归还第三人的借款本息。2013年11月,王某、王小某作为甲方与杨某作为乙方签订一份《代持房产合同》,约定甲方委托乙方代持,涉案房屋由甲方出资,房产的所有权及相应权利义务均由甲方享有。涉案房屋一直由王某、王小某及其家人居住。2016年5月6日,杨某作为赠与人,王小某作为受赠人,双方签订一份《房屋赠与合同》,约定赠与人杨某自愿将涉案房屋中属于其所有的二分之一产权份额赠与王小某,受赠人王小某的父亲王某代表其表示接受赠与。××市××公证处对此份合同进行了公证并出具了公证文书。现王某及其女儿王小某要求杨某将案涉房屋变更登记至王小某一人名下,杨某则认为由于王某借用其名义购房,导致其丧失了购房资格,也不再符合购买经济适用房的条件,更因为房价快速上涨,导致其无力购买本市房屋。涉案房屋已增值,因此要求王某给予其房屋增值的一半利益,若王某及其女儿不同意,则不同意将房屋变更登记至王小某名下。因协商未果,王某、王小某为原告将杨某诉至人民法院,要求变更登记;杨某则提起反诉,要求王某、王小某给予其房屋增值利益。

(二)法院裁决

法院认为,王某与杨某虽然口头达成代持房产协议,但系双方的真实意思表示,协议有效。在第三人贷款银行同意的情况下,可变更登记。遂作出如下判决:

一、王某、王小某清偿第三人兴业银行××支行剩余的全部贷款本息;二、第三人兴业银行××支行办理注销涉案房屋的抵押登记手续;三、杨某协助王某、王小某办理涉案房屋产权变更登记手续,将该房屋产权人变更登记为王小某一人。在办理产权变更登记过程中所需缴纳的相关税费由王某、王小某负担。

二、以案说法

本案系代持房屋所产生的纠纷,需要解决三个问题,其一,《代持房产合同》是否有效;其二,贷款银行是否构成房产变更阻碍因素;其三,房产代持人能否要求被代持人支付相应补偿费用。

首先,《代持房产合同》系双方真实意思表示,不违反法律法规的强制性规定,为有效合同,能够证明被代持人借用代持人名义购买房屋的事实。本案中王某购买了涉案房屋后,涉案房屋产权登记为杨某、王小某两人共有,即杨某代为持有了涉案房屋部分产权。基于双方的约定,王某要求杨某办理产权变更登记的请求,于法有据,且不违反双方的合同约定。在第三人的全部债权实现并抵押登记注销后,杨某应协助王某、王小某办理涉案房屋产权变更登记手续,并根据王某的要求将涉案房屋产权人变更登记为王小某一人。在办理变更登记过程中如需缴纳相关税费,则由王某、王小某承担。

其次,由于涉案房屋存在抵押登记,第三人兴业银行××支行作为贷款方取得了涉案房屋的抵押权,该抵押权受法律保护。王某表示愿意结清第三人的全部借款本息,要求第三人涤除抵押,此举未损害第三人利益,且第三人对此无异议,此举可以获得法律支持。

最后,王某与杨某之间的借名买房系双方真实意思表示,杨某并不享有涉案房屋的任何权益,双方更未约定房屋的增值部分由双方分享,也未约定王某基于双方的借名买房关系而需要向杨某支付相关补偿。涉案房屋的购房款由王某支付,贷款亦由王某清偿,杨某并非真实的房屋权利人,因此杨某要求王某支付涉案房屋增值利益的请求,缺乏法律依据。

三、专家建议

（一）借名买房风险大，建议慎用

我国实行不动产物权取得登记公示制度，除法律另有规定以外，未经过依法登记，不能取得不动产物权，这些规定对于实际出资人存在巨大的法律风险。若借名人反悔诉诸法律，实际出资人面临着房财两空的不利结局。建议大家事先协议约定避免法律风险。

（二）选好借用之名

借名买房并非绝对不可，但一定要有事先防范其法律风险的意识。顾名思义，"借名买房"，先有"借名"再有"买房"，那么先要选好借用之名，比如：母亲、亲戚、朋友等亲近之人，这样可大大降低其法律风险。

（三）签订好借名协议

选好借用之名，建议先不用急于买房，事实购房人与名义购房人最好签订一份借名协议，把双方的权利义务明确在书面上，就可能降低法律风险的发生，即使发生也不会令自己陷入非常被动的境地。例如在本案中，杨某的利益可能受到一定的损失，杨某可在签订协议之时约定王某、王小某支付一定的报酬，以减少自己的损失，保护自己的利益。

四、关联法条

《中华人民共和国民法典》第二百零九条、第四百六十五条、第五百零九条。

二、建筑物区分所有权纠纷

邻居擅自"住改商"业主该如何维权

邻里之间低头不见抬头见,在日常生活中天然具有紧密的社会联系。彼此之间大有"牵一发而动全身"的影响作用。而其中有些精明的业主,为了提高房屋的收益,擅自将居民住房改造成经营性场所,做起了生意。例如,在居民楼内开餐馆(私家菜)、民宿、快递店等,即所谓的"住改商"。这种"住改商"的行为不仅严重影响邻里的正常生活,也容易产生安全隐患,严重破坏社区秩序和安宁,因而引发了不少邻里纠纷。

一、案例简介

(一)基本案情

史某购买了某小区住宅后,转租给杨某经营"小饭桌"。杨某在经营"小饭桌"期间经常与小区业主产生冲突,为此,物业服务人曾向区政府部门反映其违规经营的情况并向杨某发出经营者告知函,并就杨某经营"小饭桌"与部分业主开会协商,但无法达成一致意见。为维护小区管理秩序,物业服务人遂起诉要求杨某、史某关闭"小饭桌",排除对物业服务人管理权的妨害。[1]

---

[1] 详可参见(2017)鲁01民终3496号民事判决书。

(二)法院裁决

1. 一审判决

一审法院认为，杨某经营"小饭桌"的行为，严重影响了物业服务人对涉案小区的管理及其他业主的日常生活和休息。史某作为房屋所有权人，在租赁期间应保持租赁物符合约定用途。判令杨某、史某停止在涉案房屋的商业经营。

2. 二审判决

二审法院认为，杨某将住宅改变为经营性用房，不符合法律规定，妨害了相关业主的权益，亦对物业服务人实施物业管理造成了妨碍。遂判决驳回上诉，维持原判。

二、以案说法

本案的争议焦点主要有三个：一是物业服务人是否有权提起诉讼？二是杨某在租赁房屋内是否从事的是商业经营活动？三是杨某是否应该停止商业经营，恢复住宅用途？

首先，关于物业服务人是否可以提起诉讼的问题。本案较之普通的"住改商"纠纷，特殊之处在于，本案提起诉讼的主体为物业服务人并非案涉小区业主，但本质上仍属于建筑物区分所有权纠纷。杨某未经小区业主同意，擅自在住宅中经营"小饭桌"，且经营混乱，就餐学生大声喧闹，严重影响小区居民正常的生活和作息，给小区居民生活带来了巨大的不便和安全隐患，严重侵害小区业主的建筑物区分所有权，造成众多业主不满，拒交物业费，遂物业服务人以物业合同为依据，提起妨害物业管理权的物业合同诉讼，于法有据，且可同时达到维护小区业主合法权益的目的。

其次，关于杨某是否在租赁房屋内从事商业经营活动的认定问题。杨某虽主张其仅仅是帮忙照顾自己亲戚朋友家孩子，并非以营利为目的的商业经营，但未提交相关证据予以佐证，且根据物业服务人在庭审中提供的视频、照片，可以证实杨某在经营"小饭桌"，其行为属于将住宅改变为经营性用房。

最后，关于杨某是否应停止经营性行为，恢复住宅用途的问题。本案中杨某未经小区业主同意，擅自在住宅中经营"小饭桌"，不仅扰乱了小区居民正常的生活秩序，复杂的人流量也会带来一定的安全隐患，妨碍了物业服务人的正常管理。法院支持物业服务人对停止经营、排除管理妨碍的请求，合法合理，不仅有利于物业服务人开展管理工作，也可以规范小区业主"住改商"的行为，营造安全有序、友好宜居的生活环境。

三、专家建议

居民小区是最基层的居住环境，安全、有序的居住环境需要业主及其他物业使用人和物业服务人之间互相尊重与共同维护。应当按照有利生产、方便生活、团结互助、公平合理的原则，正确处理相邻关系。相邻不动产的所有权人，在行使权利时，必须合理、适当，不能滥用权利给相邻方的生活造成影响和妨碍。生活中，小区业主如遇到"住改商"扰民的，可以向小区物业进行投诉。由物业出面制止，并及时向有关行政管理部门报告。有关行政管理部门在接到物业服务人的报告后，应当依法对违法行为予以制止或者依法处理。若依然无法解决，有利害关系的业主可以搜集相关证据材料，向人民法院提起诉讼。

四、关联法条

《中华人民共和国民法典》第二百七十九条、二百八十八条；

《最高人民法院关于审理建筑物区分所有权纠纷案件适用法律若干问题的解释》第十条。

建筑物天台被个别业主"霸占"如何处理

高层建筑物引发的权属之争对"一物一权"的原则提出挑战，与之而来的还有形形色色的纠纷。建筑物的屋顶天台如何使用，房屋外墙能否悬挂空调外机，楼道、走廊能否堆放杂物，小区绿地能否种菜，这些琐碎的纷争不断在我们身边上演。建筑物区分所有权的制度安排应运而生。

一、案例简介

（一）基本案情

洪先生、李女士家住佛山市某小区，他们于 2000 年 7 月向新时代公司购买该小区 27 楼 B 房。马先生通过二手房交易购买该小区 26 楼 A 房。他们所在建筑物的内部结构为：两部电梯、两个人行楼梯。马先生所在的 A 单元与洪先生、李女士所在的 B 单元左右相邻。马先生所有的 26 楼 A 房系顶楼，上为屋顶天台，洪先生、李女士所有的 27 楼 B 房外有一走廊与马先生 A 房的屋顶天台相通，其中洪先生、李女士的"房地产权证"中房屋平面图上载明，该走廊为公用走道。

洪先生、李女士收楼后，将原设的自有房屋大门封闭，将门口向北移至与马先生 A 房的屋顶天台门口相接处，将走廊与马先生 A 房的屋顶天台间原设门口向走廊内斜向移动至其新设自有房屋大门口外，并安装防盗门，将部分走廊面积及马先生 A 房的屋顶天台封闭，独自占有、使用。同时，洪先生、李女士在马先生A房的屋顶天台与走廊及27楼B房相连接处自建房屋一间，并进行了装修装饰；在马先生A房的屋顶天台其余部位中央设有一水泥构架，周围种植花草、树木；在马先生卧室上方建鱼池一个，内设假山，并安装有水泵、供氧机。

洪先生、李女士精心打造了一座"空中花园"，在嘈杂的闹市寻得了一份的原野的安宁。然而，洪先生、李女士的行为却给楼下的马先生带来了困扰。正如"彼之蜜糖，吾之砒霜"，屋顶天台上鱼池内假山跌宕流水及水泵运转的声音，影响了马先生的睡眠，树木花草招引飞虫蚂蚁，刮风下雨时天台上的枯枝败叶偶有随风飘入马先生家中的现象，给马先生的生活造成了影响。

马先生不堪其扰，找洪先生、李女士沟通。然而，双方协商无果，马先生一纸文书，诉诸人民法院。[1]

(二) 法院裁决

一审法院认为，马先生A房的屋顶天台及洪先生、李女士B房前走廊系建筑物共用部分，洪先生、李女士无权对建筑物共用部分排他性使用，判决洪先生、李女士于判决发生法律效力之日起十日内，停止占用马先生A房的屋顶天台及洪先生、李女士B房前走廊的行为，恢复洪先生、李女士B房前公用走廊原状，恢复马先生A房的屋顶天台原状。

洪先生、李女士不服，提起上诉。二审法院驳回上诉，维持原判。

---

[1] 详可参见（2009）佛中法民五终字第430号民事判决书。

二、以案说法

本案的争议焦点是洪先生、李女士占用 A 房的屋顶天台及 B 房前走廊的行为是否侵犯马先生的建筑物共有权。鉴于洪先生、李女士是对于上述区域进行排他性占有，因此争议焦点亦可以表述为，马先生 A 房的屋顶天台及洪先生、李女士 B 房前走廊的法律性质是建筑物专用权，抑或是建筑物共有权。

建筑物区分所有权，包括业主对建筑物内的住宅、经营性用房等专有部分享有所有权，对专有部分以外的共有部分享有共有和共同管理的权利。所谓"专有部分"，其构成要件包括具有构造上的独立性，能够明确区分；具有利用上的独立性，可以排他使用；能够登记成为特定业主所有权的客体。

本案中，鉴于洪先生、李女士的"房地产权证"中明确记载 B 房前走廊系公共走道，属于建筑物共有部分，因此洪先生、李女士对其不具有排他性的权利。马先生 A 房的屋顶天台在物理属性上属于建筑物的基本结构，功能用途上具有公共性、非排他使用性，且洪先生、李女士的"房地产权证"面积内不包含该房顶天台，因此该天台不属于建筑物专有部分。作为例外情形，规划上专属于特定房屋，且建设单位销售时已经根据规划列入该特定房屋买卖合同中的露台等，应当认定为建筑物专有部分的组成部分。然而，在本案中，洪先生、李女士主张其与开发商新时代公司签订了《商品房购销合同》，约定马先生 A 房的房顶天台为"27B 单位专用平台"，但是洪先生、李女士在诉讼中未举证证明该平台规划上即专属于 27 楼 B 房。不仅如此，洪先生、李女士也没有举证证明其对马先生 A 房的房顶天台的排他性使用经过了全体共有人的同意。综上，马先生 A 房的屋顶天台及洪先生、李女士 B 房前走廊均为建筑物共有部分，洪先生、李女士的排他性占用侵犯了马先生的建筑物共有权。

此外，本案中洪先生、李女士在房顶天台搭建的棚屋，属于违法搭建建筑物，其行为已经行政管理机关作出处理，因此法院不再就该部分进行处理。

三、专家建议

实践中，业主对天台、走廊等建筑物共有部分不规范使用的现象频频出现。如，一些业主将天台视为其私人领域，动辄栽花种草，甚至搭棚建屋；还有一些业主在走廊等公共空间存储个人物品，堆放杂物。这些不规范的行为不仅是对其他业主权利的侵犯，甚至还会对公共安全产生威胁，从而受到相关处罚。针对上述行为，业主应积极主张权利，必要时敢于、善于运用法律武器，维护自身合法权益；物业服务人应尽职尽责，发现业主及其他人员存在不规范行为，应采用多元化的手段，及时制止相关行为，切实保护业主的合法权益。

四、关联法条

《中华人民共和国民法典》第二百七十一条；

《最高人民法院关于审理建筑物区分所有权纠纷案件适用法律若干问题的解释》第二条、第三条。

人防停车位是否归业主所有

随着经济社会的高速发展与居民生活水平的提高，私家车已成为人们出行的常用交通工具。私家车的普及增加了社区居民对停车位资源的需求，也推进着小区停车设施规划建设。开发商将小区商品房销售给业主的同时，停车位是否也必然随之转移至个别业主专有或全体业主共有，往往引发开发商与业主的争议。实践中因停车位的权属争议诉诸法院的案件屡见不鲜。

一、案例简介

（一）基本案情

A房地产开发公司投资建设B小区防空地下室，地下室平时用途为停车场。该开发公司通过签订车位使用权转让协议或车位买卖合同的方式，将地下室部分停车位转让于个别业主。小区业主委员会认为地下室系人防工程，该停车场应归全体业主所有，开发公司无权与个别业主签订停车位使用权转让协议或车位买卖合同；如已经签署了相关使用协议或合同，则开发公司所得利益也应归全体业主所有。开发公司认为人防工程设施并非业主财产，公司作为地下室的投资者和建设者，享有地下室的物权。而且，《商品房买卖合同》及《商品房买卖合同补充协议》也已明确约定停车场为开发公司投资建设，其所有权属于开发公司，开发公司有权转让停车位使用权。双方就停车位的权属问题产生争议并诉诸法院。[①]

（二）法院裁决

1. 一审判决

一审法院认为，小区地下室系人防工程，由开发公司投资建设，根据《中华人民共和国人民防空法》（以下简称《人民防空法》）第五条第二款的规定，人民防空工程平时由投资者使用管理，收益归投资者所有，因此案涉地下室停车位应由开发公司使用管理，收益归开发公司所有。开发公司作为案涉地下室停车位的投资者，享有对该车位的管理权、使用权、收益权，有权处分该车位的使用权，小区业主委员会对此无权干涉。故判决驳回小区业主委员会的诉讼请求。

2. 二审判决

二审法院认为，《中华人民共和国民法典》（以下简称《民法典》）第二百七十五条第一款规定，建筑区划内，规划用于停放汽车的车位、车库的归属，由当事人通过出售、附赠或者出租等方式约定。开发公司与小区业主签订的《商品房买卖合同》和《商品房买卖合同补充协议》约定了购买房屋与车位无连带关系，停车场为出卖人投资建设，该约定应为有效，一审判决认定地下停车位由开发公司管理使用，收益归开发公司所有，符合事实和法律规定。小区业主委员会的主张因缺乏法律依据，不予支持。遂判决驳回上诉，维持原判。

二、以案说法

本案的争议焦点主要在于案涉停车位的使用权主体是业主还

[①] 详可参见（2023）辽10民终514号民事判决书。

是开发商。

开发商一般在建设小区时会规划停车设施以满足业主的停车需求，如划分地面停车位、地下停车位、立体车库等。根据《民法典》第二百七十六条之规定，建筑区划内，规划用于停放汽车的车位、车库应当首先满足业主的需要。

如以规划用途为标准，小区建筑区划内的车位可划分为规划车位与非规划车位。规划车位是指规划用于停放汽车的车位。该等车位的原始权利人一般为开发商，开发商可以与业主协商约定以出售、附赠或者出租等方式处分车位，业主依约享有相应权利。非规划车位是指小区建筑区划内在规划用于停放汽车的车位之外的车位，一般根据该车位占用的场地性质、是否被计算入业主公摊面积、是否被计算入住宅开发成本等标准划分权属。如该车位占用的是业主共有部分场地、已被计算入业主公摊面积或车位建设成本已被计算入住宅开发成本，则该车位一般认定为属于全体业主共有；如该车位占用的是开发商或第三方专有部分场地，则该车位一般认定为开发商或该第三方所有。

占用业主共有的道路或者其他场地用于停放汽车的车位，属于业主共有。开发商一般在销售小区房屋时已将该等车位面积按照公共建筑面积进行了业主公摊，根据《民法典》第二百七十五条第二款和《最高人民法院关于审理建筑物区分所有权纠纷案件适用法律若干问题的解释》（2020年修正）第六条之规定，该等停车位属于业主共有，开发商无权擅自出售或出租。

人防车位的特殊性在于其是人防工程中的车位。开发商经审批取得人防工程使用证后可以将小区人防工程用作商用。人防车位一般建于地下停车场，通常被认定为国防资产，属于国家所有。投资者可以使用、管理并享有收益权。投资者一般指小区开发商，投资者的身份不因业主购买小区房屋而转移。

本案中，开发商投资建设了防空地下室停车场，根据《人民防空法》的规定享有地下室的管理权和收益权。该地下室停车位位于小区规划区划内，开发商与小区业主已通过商品房买卖合同明确约定停车场的所有权属于开发商，基于该真实意思表示，开发商享有案涉地下停车位的使用权。

三、专家建议

停车位的权属涉及小区业主的切身利益，业主不因购买房屋而必然享有小区配套建设的停车位使用权或所有权。业主在购房前可以通过开发商说明或承诺、多方咨询、现场勘察等方式了解小区停车位的规划性质，签订商品房买卖合同时需注意查看停车位权属相关约定条款，并与小区实际建设规划相对应。如《商品房买卖合同》中对停车位的权属没有约定或约定不明确，可以通过签订补充协议等方式约定停车位的使用或转让方式。

四、关联法条

《中华人民共和国人民防空法》第五条第二款；

《中华人民共和国民法典》第二百七十五条、第二百七十六条；

《最高人民法院关于审理建筑物区分所有权纠纷案件适用法律若干问题的解释》（2020年修正）第六条。

业主是否可以复制收支财务凭证

业主知情权是业主享有的基本权利之一。随着现代法治理念的深入人心,业主对自身权利的保护与对业主委员会、物业管理公司的监督意识逐步增强。除法律法规明确规定的业主权利外,业主也会通过建立业主大会议事规则、管理公约等方式对业主权利及其行使提出具体、明确的要求。业主在监督业主委员会工作的过程中,可能要求查阅甚至复制公共收支部分的财务凭证以行使其知情权,业主委员会常因不予配合或因客观条件无法提供,而与业主产生矛盾。

一、案例简介

(一)基本案情

吴某系某小区业主,其认为业主委员会在 2016 年至 2019 年 6 月公布的财务报表中缺少部分凭证编号和明细账,2019 年下半年至 2020 年上半年未公布公共收益明细账,无法判断真伪等,以业主委员会公示信息不符合规定为由向法院提起诉讼,要求业主委员会提供 2019 年至 2021 年公共收益的收支财务凭证用于复制,并自行承担复制费用。业主委员会表示物业公司系业主委员会的代记账单位,所有流水财务凭证均由物业公司保管,故未予提供。[1]

(二)法院裁决

1. 一审判决

一审法院认为,业主对建筑区划内涉及业主共有权以及共同管理权的相关事项具有知情权,业主应当根据法律规定合理行使知情权。吴某要求业主委员会提供财务凭证的部分诉请已经在另案中进行过处理,本案不再重复处理,而且现无证据证明该部分材料在业主委员会处,故不予支持吴某的该项诉请。

2. 二审判决

二审法院认为,根据《最高人民法院〈关于审理建筑物区分所有权纠纷案件适用法律若干问题的解释〉》第十三条之规定,财务凭证涉及业主共有权以及共同管理权的相关事项,吴某有权进行查阅、复制。即便财务凭证系由物业公司代为记账并保管,作为委托单位的业主委员会,亦负有保障业主知情权的义务,业主委员会无权以此为由拒绝提供相关财务凭证供吴某查阅、复制。因此,二审法院判决撤销一审判决,并判令业主委员会向吴某提供小区 2019 年至 2021 年公共收益的收支财务凭证供其复制。

二、以案说法

本案的主要争议焦点在于业主为实现其知情权,是否有权要求业主委员会提供公共收益的收支财务凭证并复制。

房屋的所有权人为业主。业主知情权是指业主基于其不动产权而享有的了解建筑区划内涉及业主共有权以及共同管理权相关事项的权利。《最高人民法院〈关于审理建筑物区分所有权纠

---

[1] 详可参见(2021)沪 01 民终 14491 号民事判决书。

纷案件适用法律若干问题的解释〉》第十三条规定了业主知情权的范围。业主有权请求公布、查阅下列应当向业主公开的情况和资料：（一）建筑物及其附属设施的维修资金的筹集、使用情况；（二）管理规约、业主大会议事规则，以及业主大会或者业主委员会的决定及会议记录；（三）物业服务合同、共有部分的使用和收益情况；（四）建筑区划内规划用于停放汽车的车位、车库的处分情况；（五）其他应当向业主公开的情况和资料。《物业管理条例》第六条也赋予业主在物业管理活动中对物业共用部位、共用设施设备和相关场地使用情况享有知情权。

回到本案，业主委员会作为业主大会的执行机构，可以委托物业公司进行会计处理工作，由物业公司整理费用收支账目，制作财务报表，保管财务收支所涉及的合同、收款凭证、银行交易明细等原始凭证，但在业主依法行使其知情权时，业主委员会不能以其不是会计主体，没有相关财务报表、会计账册、收支财务凭证等为由拒绝提供共有部分的使用情况及财务凭证等资料。

同时，任何权利都是有边界的。业主依法有权监督业主委员会与物业公司的工作，有权要求查阅、复制公共维修资金等公共收益的收支财务凭证以保障其知情权，但如进一步要求业主委员会公开公示财务凭证，在司法实践中可能会因财务管理的规范性，客观上不适于公开公示等而不被支持。

三、专家建议

小区整体环境依靠业主与物业管理公司的共同维护。业主作为房屋所有权人，鼓励积极参与小区公共事务管理，监督业主委员会与物业管理公司是否依法履行职责。业主委员会作为业主大会的执行机构，代表广大业主利益，应积极发挥自身作用，正确面对与解决业主诉求,做到工作规范化、透明化。物业管理公司应当按照《中华人民共和国民法典》第九百四十三条的规定,定期将服务的事项、负责人员、质量要求、收费项目、收费标准、履行情况,以及维修资金使用情况、业主共有部分的经营与收益情况等以合理方式向业主公开并向业主大会、业主委员会报告。同时为避免不必要的成本负担,业主应加强与业主委员会、物业管理公司的沟通,依法行使知情权。

从维护业主知情权的角度出发,业主可通过制定管理规约等形式,就业主委员会的执行、对物业公司的管理与服务等提出明确、具体的要求,如制定定期公布公示制度,明确涉及业主共有权或共同管理权事项的具体权限和可操作规程,规范物业服务,减少业主与业主委员会、业主与物业公司之间的纠纷,增强业主对业主委员会、物业管理公司的信任,共建良好和谐小区生活关系,改善小区物业服务环境。

四、关联法条

《中华人民共和国民法典》第九百四十三条;

《最高人民法院关于审理建筑物区分所有权纠纷案件适用法律若干问题的解释》(2020年修正)第十三条;

《物业管理条例》(2018年修正)第六条。

业主如何撤销业主委员会决定

为充分保障业主合法权益，弥补业主大会与业主委员会民主决策机制的不足，业主撤销权应运而生。业主撤销权是业主的法定权利，如业主大会或业主委员会的决定侵害了业主的合法权益或者违反了法律规定的程序，业主可以请求人民法院予以撤销。实践中，业主因业主大会或业主委员会决议程序瑕疵或违反"多数决"等规定而行使撤销权的情形时常发生。

一、案例简介

（一）基本案情

2021年12月，为选聘物业服务企业并签订物业服务合同，A小区业主委员会组织业主投票，全体业主以字面形式签字表决。

2022年1月5日，业主委员会作出决议并公示，业主委员会选聘物业服务企业，按总面积过半数的业主且占人数过半业主同意，总人数过半数以上参加投票，同意方案的签字人数已经过半，业主大会选聘物业服务企业成功通过。

2022年8月2日，小区业主大会作出决议，主要内容为业主大会会议采取以书面征求意见形式召开，本小区共有业主1859名，建筑面积168824.47平方米，经业主投票，参加会议的业主1380名（其中有效票1317票，弃权票3票）。本次业主大会表决决议同意由B物业公司为小区提供服务等。业主委员会表示本次会议发出1380票，收回1179票，其中同意票数1173票。在唱票过程中社区街道工作人员都在场，可以由街道和社区出具证明。

2022年8月13日，业主委员会与B物业公司签订物业服务合同。后陈某等多名业主请求法院撤销前述决议，确认业主委员会与B物业公司签订的物业服务合同无效；业主委员会提起上诉，其认为业主撤销权的行使已超过法定除斥期间，且未经业主大会讨论即解除物业服务合同将严重损害多数业主的共同利益。①

（二）法院裁决

1. 一审判决

一审法院认为，根据《中华人民共和国民法典》（以下简称《民法典》）第二百七十八条之规定，选聘和解聘物业服务企业或者其他管理人属于业主共同决定事项，应当由专有部分面积占比三分之二以上的业主且人数占比三分之二以上的业主参与表决。业主委员会提交的2022年1月5日决议仅满足了"双过半"数的要求，而2022年8月2日的决议中未提供证据证明有1380名业主参与投票，故该两份决议均未达到法定条件，业主委员会作出的关于选聘物业公司的决议无效，业主委员会与B物业公司签订的物业服务合同因违反上述法律规定而无效。法院据此判决撤销业主委员会作出的选聘物业公司的决议，确认业主委员会与B物业公司签订的物业服务合同无效。

2. 二审判决

关于2022年1月5日业主委员会决议的合法性确定问题。二审法院认为，"双过半"数的表决结果违反《民法典》第二百七十八条的规定，选聘、解聘物业服务企业应由专有部分面

---

① 详可参见（2023）辽01民终22424号民事判决书。

积占比三分之二以上的业主且人数占比三分之二以上的业主参与表决，故2022年1月5日业主委员会决议不具有法律效力。

关于2022年8月2日业主大会决议的合法性确定问题。二审法院认为，业主委员会未在规定期限内提交所在社区和街道办事处派员在场监督投票的证据。按照《业主大会和业主委员会指导规则》第五十三条"召开业主大会会议，物业所在地的区、县房地产行政主管部门和街道办事处、乡镇人民政府应当给予指导和协助。"的规定，业主委员会召开业主大会的表决程序不合法，业主投票无人监督、真实性存疑，且考虑人数众多的业主对于投票过程不认可，则该业主大会决议系建立在表决程序存在问题、投票过程存在问题的前提之上，现业主委员会就此问题并未进一步举证予以澄清，故一审法院以该决议"违反法律规定"为由认定为无效并无不当。

关于撤销权的除斥期间问题。业主委员会未充分举证业主知道决议的时间节点，应承担举证不能的不利后果。

综上，二审法院判决驳回上诉，维持原判。

二、以案说法

本案的主要争议焦点在于：第一，业主委员会的决议是否侵害了业主的合法权益；第二，业主能否行使撤销权。

根据《民法典》第二百八十条之规定，业主大会或业主委员会的决定对业主具有法律约束力。业主大会或者业主委员会作出的决定侵害业主合法权益的，受侵害的业主可以请求人民法院予以撤销。业主权益是否受侵害，可以从业主程序权益与业主实体权益两个维度判断。业主的程序权益主要是指业主大会或业主委员会通过的决定应当按照法律规定的表决程序履行，依法征求业主意见。如《民法典》第二百七十八条和《物业管理条例》第十二条等对业主大会或业主委员会在业主参与表决和表决结果上有人数和建筑面积的比例要求。又如，表决票应当由业主本人签字或由合法授权人代签，计票应当公开透明等。业主的实体权益是否受到侵害需由法院进行实质审查。如一般情况下小区同等房型的业主应按照同等标准收取物业费，而若业主委员会在未提供合理解释的情况下，作出对同一小区拥有多处不动产权的业主征收高标准物业费的决定可能就侵害了该部分业主的实体权益。

关于业主撤销权除斥期间，根据《最高人民法院关于审理建筑物区分所有权纠纷案件适用法律若干问题的解释》（2020年修正）第十二条之规定，业主撤销权有一年的除斥期间，即业主撤销权应当在业主知道或者应当知道业主大会或者业主委员会作出决定之日起一年内行使。如业主张某主张其于2023年8月20日知道业主委员会作出的某项决定，但业主委员会已充分举证证明其已于2023年7月1日在小区公示栏和全体业主微信群中公告了该项决定，那么笔者认为张某于2023年7月1日即应当知道业主委员会作出了该项决定，其行使业主撤销权的除斥期间应从其"应当知道"该决定之日起算一年。

需特别注意的是，业主撤销权纠纷以业主为适格原告，以业主大会或业主委员会为适格被告，撤销对象是业主大会或业主委员会作出的具体决定。当事人在向法院起诉前，可以自检自己是否为业主撤销权的适格原告。根据《物业管理条例》第六条第一款和《最高人民法院关于审理建筑物区分所有权纠纷案件适用法律若干问题的解释》（2020年修正）第一条之规定，房屋的所有权人为业主。依法登记、继承、合法建造、因人民法院、仲裁机构的法律文书或者人民政府的征收决定生效等取得建筑物专有部分所有权的人，以及基于与建设单位之间的商品房买卖民事法律行为，已经合法占有建筑物专有部分，但尚未依法办理所有权变更登记的人，可以认定为业主。房屋承租方或其他物业使用权人非业主，无权提起业主撤销权之诉。

就本案而言，无论是从决议显示的表决情况，还是因客观举证不能，业主委员会作出的两项决议均不满足法律规定的有效决议条件，业主有权在除斥期间内行使撤销权。

三、专家建议

业主行使撤销权主要是其认为业主大会或业主委员会的决定侵害了其合法权益。为充分保障业主权利，业主大会或业主委员会应当根据法律法规及管理规约、业主大会议事规则等相关约定进行表决。以合法合理的方式通知业主参与表决，切实征求业主意见，见证业主亲笔签字投票或提交代签人的书面授权委托书，同时可以请物业所在地的区、县房地产行政主管部门或街道办事处、乡镇人民政府等给予指导和协助，表决公开化、透明化，做好会议记录及资料备存，在参与表决业主和表决通过业主的人数和建筑面积均符合法定要求的情况下作出有效决定。

四、关联法条

《中华人民共和国民法典》第二百七十八条、第二百八十条；

《最高人民法院关于审理建筑物区分所有权纠纷案件适用法律若干问题的解释》（2020年修正）第一条、第十二条；

《物业管理条例》（2018年修正）第六条第一款、第十二条；

《业主大会和业主委员会指导规则》第五十三条。

三、相邻关系纠纷

相邻排水矛盾如何化解

在农村,一到下雨天,排水问题常会成为村子里的一个大问题。由于每个村的地势地貌千差万别,邻里乡亲间很可能因为排水问题产生很多矛盾。排水权是权利,所有权亦是权利,在两种权利产生矛盾的情况下,应该如何化解呢?

一、案例简介

(一)基本案情

姜某与张某的房屋东西相邻。在张某建房前,姜某院内积水经其院内南墙根水道向西流入墙根水道,向西流向院外进入公共区域自然排出。在张某建房并将过道的北端封堵后,姜某院内积水只能从过道南端向西南排出,双方依旧相安无事。2019年张某新建了南院墙,加之2020年村委会硬化路面后,姜某家的积水就不能完全排出了,故双方因排水问题引发纠纷。姜某要求张某拆除房屋南院墙及建立在过道上的全部建筑物,然后村委会将硬化路面降低高度至不妨碍姜某家中排水。[1]

---

[1] 详可参见(2022)鲁10民终2857号民事判决书。

（二）法院裁决

1. 一审判决

姜某院内积水通过张某院内水道向西自然排出，是历史形成的，事实清楚应予认定。在张某建房并将过道北端封墙后，双方未就排水问题发生纠纷，说明姜某接受了这一排水结果，现姜某再要求张某拆除建立在过道上的所有建筑物以达到排水的目的，理由不当不予支持。张某作为相邻关系的一方，应当本着有利生产，方便生活，团结互助，公平合理的精神，正确处理与姜某的排水关系，有义务确保姜某院内积水在必要时通过自己使用的土地上正常排出。故判决张某排除家中妨碍确保姜某院内积水通过张某院内水道正常排放至张某门前街道处。然后村民委员会排除街道硬化路面上的妨碍，确保姜某流入张某门前街道的积水正常向西排出。

2. 二审判决

二审法院认为，姜某有权要求按照历史形成的排水方式继续排水，但同时亦不能违反有利生产的原则，应尽量避免给相邻权利人造成妨害和损害。一审法院查明事实清楚，适用法律正确。遂判决驳回上诉，维持原判。

二、以案说法

本案的争议焦点主要在于，作为相邻关系中排水权利人的姜某，应如何确认自己的权利范围，以及应该如何正确行使自己的权利呢？

首先，相邻关系中排水权利人应如何确认自己的权利范围？本案中，姜某排水通道的历史流向即是姜某主张其权利的依据。由于邻居新建建筑的需求而强制要求积水换向而流即是不遵循排水的历史流向的表现。张某主张姜某院内无法流出的积水可以通过自然渗透自然消失，不符合社会大众普遍认知和生存法则。因此，姜某要求张某排除该妨碍确保自家院内积水通过南端过道向西南方向排出，理由正当合理，法院予以支持。《中华人民共和国民法典》（以下简称《民法典》）亦规定："对自然流水的利用，应当在不动产的相邻权利人之间合理分配。对自然流水的排放，应当尊重自然流向。"相邻不动产各方当事人即可以此规定为依据，确定自己的权利范围。

关于正确行使自己的权利的方式，在本案中体现为排除妨碍的具体方式。在张某使用土地上可采用疏通堵塞的家中向西流水的通道，在院内留出与水道宽度一致、深度可使流水能够自然向西排出的水道，或者采用埋排水管道的办法，或实践中采用其他可行方法，确保姜某的院内积水正常排放至张某房屋门前街道处，都是切实可行的办法。根据本案的实际情况，使姜某院内积水在被告张某使用的土地上正常排出，必要时只需拆除部分院墙，拆除案涉的全部南院墙并非必须，故姜某要求拆除全部南院墙，理由不当，不予支持。也即，权利人虽然基于相邻权具有对他人不动产的部分处置权利，也需要尽量避免给对方不动产所有权人造成损害，需要在各种可行办法中寻找到一个最佳方案，可以充分平衡双方的利益。

三、专家建议

相邻用水、排水纠纷的解决需要平衡各方的权益，既要保障居民的用水排水权益，也要尽量避免对相邻的不动产权利人造成损害。因此，需要综合考虑各方的利益，寻找共赢的解决方案。解决相邻用水、排水纠纷需要依法行事，遵循相关法律法规，也需要尊重当地习惯以及水流的自然流向。邻里之间也应按照有利生产、方便生活、团结互助、公平合理的原则，正确处理相邻关系。

四、关联法条

《中华人民共和国民法典》第二百八十八条、第二百八十九条、第二百九十条、第二百九十六条。

相邻土地、建筑物利用关系纠纷如何化解

相邻的建筑有时在实际生活中使用权边界并不明确,例如建筑的外墙、屋顶、通道、楼梯、大堂等公共通行部分,消防、公共照明等附属设施、设备。由于这些区域共有的属性,就很有可能因为某些人的私人占有使用行为给相邻人造成困扰。那么,我们作为这些共有部分的使用者之一,应该如何确认自己的权利范围?又该如何保护自己的合法权益呢?

一、案例简介

(一)基本案情

黄某的自有店面与韩某的房屋相邻。黄某与移动公司签订手机专卖店业务代理协议,为作宣传用,在黄、韩二人的房屋中间外墙外立面处安装小型广告牌一块。韩某认为该广告牌安装位置侵占了自己名下房屋的建筑物专有部分,认为黄某及移动公司的行为构成侵权,故诉至法院主张权益。[①]

(二)法院裁决

1. 一审判决

一审法院认为,原告韩某以二被告侵占其建筑物专有部分为由提起诉讼主张权益,应当就其对本案诉争的建筑物外墙部分享

---
① 详可参见(2023)辽12民终378号民事判决书。

有所有权或使用权承担举证责任。但原告的房产证未写明或确认本案诉争的建筑物外墙区域为原告名下建筑物专有部分。且目前该广告牌已拆除，故对原告主张黄某及移动公司对其存在侵权行为的事实不予认定。判决驳回原告的全部诉讼请求。

2. 二审判决

二审法院认为，根据《最高人民法院关于审理建筑物区分所有权纠纷案件适用法律若干问题的解释》（2020年修正）第三条规定，涉案的外墙面系业主共有部分。本案诉争的墙面系共有部分，黄某与韩某作为相邻关系人应按照有利生产、方便生活的方式合理使用该墙面。黄某于2017年即悬挂灯箱，韩某对此并未提出异议，至2022年7月韩某提出拆除灯箱，至一审庭审结束前黄某予以了拆除，韩某亦无证据证明黄某的行为对其人身及财产造成了损失，故其排除妨碍、赔礼道歉、赔偿损失的上诉理由无事实和法律依据，二审法院不予支持。

二、以案说法

相邻土地、建筑物利用关系纠纷涉及相邻土地和建筑物的所有权、使用权、相邻权等问题，双方因对土地和建筑物的利用产生了争议和冲突。可能的原因包括：（1）土地使用权边界不明确：双方对土地的使用权边界存在争议，导致在土地的使用、管理、收益等方面产生纠纷。（2）建筑物高度、间距等不符合规定：相邻建筑物的高度、间距等不符合相关规定，影响了双方的采光、通风、安全等方面，进而引发纠纷。（3）相邻权受到侵害：一方在利用土地和建筑物时，侵害了另一方的相邻权，如排水、通行、通风、采光等，导致双方关系紧张。（4）缺乏有效的沟通机制：双方未能就土地和建筑物的利用问题建立有效的沟通机制，导致问题积累、矛盾升级。

针对以上原因和背景,可以参考以下调解方案:(1)明确土地使用权边界:双方应共同委托专业测绘机构对土地使用权边界进行测绘,明确双方的使用范围,并在边界处设置明显的标识。(2)调整建筑物高度、间距等:根据相关规定,对相邻建筑物的高度、间距等进行调整,确保双方的采光、通风、安全等不受影响。如有必要,可委托专业机构进行评估和改造。(3)尊重相邻权:双方应尊重对方的相邻权,确保在土地和建筑物的利用过程中不侵害对方的合法权益。如一方需进行可能影响对方的利用行为,应提前告知对方并协商解决方案。(4)建立沟通机制:双方应建立有效的沟通机制,定期就土地和建筑物的利用问题进行沟通协商,及时解决问题、化解矛盾。

三、专家建议

首先,双方应明确土地或建筑物的产权界限,通过查看相关的权属证书、规划图或向当地房地产管理部门咨询,明确产权界限有助于避免因为界限不清而产生的纠纷。同时,在利用相邻土地或建筑物时,双方应了解当地的规划要求和相关法规。这包括建筑物高度、占地面积、用途限制等。确保自己的利用行为符合规划要求,可以减少因违规建设而引发的纠纷。

其次,双方应尊重对方的相邻权益,在进行土地或建筑物的利用时,应避免对相邻方造成不利影响。如果确实需要利用相邻土地或建筑物,应提前与对方沟通,并寻求合理的解决方案。在某些情况下,双方可能需要共同利用相邻土地或建筑物,可以尝试建立合作协议,明确双方的权利和义务,以及利益分配方式。合作协议应确保双方利益得到平衡和保障。

如果双方对土地或建筑物的利用确实存在争议，可以考虑引入第三方评估机构进行评估。第三方评估机构可以帮助双方更客观地了解土地或建筑物的价值、利用潜力等，为纠纷解决提供科学依据。如果经过沟通协商和第三方评估仍无法解决问题，双方可以考虑通过法律途径解决纠纷。可以请律师协助调解或向法院提起诉讼。在法律程序中，双方应遵守法律规定，尊重法院判决。为了预防类似纠纷的再次发生，社区可以加强调解机制，提供专门的调解员或调解委员会来处理相邻土地、建筑物利用关系纠纷。通过社区调解，可以更快速地解决纠纷，维护社区和谐。

总之，解决相邻土地、建筑物利用关系纠纷需要双方保持冷静、理智和合作的态度。通过明确产权界限、了解规划要求、尊重相邻权益、建立合作协议、引入第三方评估、寻求法律途径以及加强社区调解机制等方式，可以有效地解决纠纷并维护双方的合法权益。

四、关联法条

《中华人民共和国民法典》第一千一百六十七条、第二百六十七条、第二百七十一条、第二百七十二条、第二百七十三条、第二百八十八条、第二百八十九条；

《最高人民法院关于审理建筑物区分所有权纠纷案件适用法律若干问题的解释》（2020年修正）第三条。

相邻采光、日照纠纷如何化解

采光、日照，是提升日常生活幸福感的一个重要因素。但采光、日照同样是我们的一项重要的、受到法律保护的权利。如果邻居家的新增建筑遮蔽了我们原有的采光，那么我们完全可以去法院主张正当权利。

一、案例简介

（一）基本案情

陈某与张某均为××村村民，双方系南北相邻关系，陈某居住的Y号院房屋位于张某居住的X号院房屋北侧。2021年，张某将原为二层的房屋增建至三层，并在三层房屋西侧上建四层阁楼。陈某认为张某增建的三层房屋高度超过正常标准，给自己的采光、日照造成影响。张某则认为双方对于翻建房屋已经达成一致意见。于是往日和睦的邻居俩为此闹上了法庭。[1]

（二）法院裁决

1. 一审判决

关于张某居住的X号院房屋是否对陈某居住的Y号院房屋的采光、日照构成影响，法院委托了市建筑工程质量检测公司对涉案Y号院房屋的日照时数进行鉴定，并针对鉴定报告的意见，向

---

[1] 详可参见（2023）京02民终5345号民事判决书。

市建筑工程质量检测公司征求拆除行为对现有 X 号院房屋的安全性及使用性造成的影响意见，确定了拆除方案。最终，法院根据《中华人民共和国民法典》《中华人民共和国国家标准城市居住区规划设计规范（GB50180—2018）》的规定，结合第三方意见，判决张某将 X 号房屋三层以上的全部建筑物拆除（包括但不限于女儿墙及四层阁楼）。

2. 二审判决

二审法院认为，不动产的相邻权利人应当按照有利生产、方便生活、团结互助、公平合理的原则，正确处理相邻关系。建造建筑物，不得违反国家有关工程建设标准，不得妨碍相邻建筑物的通风、采光和日照。妨害物权或者可能妨害物权的，权利人可以请求排除妨害或者消除危险。一审法院确定的拆除方案合法且合理，并无不当。遂判决驳回上诉，维持原判。

二、以案说法

相邻采光、日照纠纷产生的原因和背景主要包括以下几个方面：

（1）建筑结构：一些建筑的设计和结构可能会影响到相邻建筑的采光和日照。例如，高层建筑可能会遮挡低矮建筑的阳光，或者大面积的建筑可能会阻挡周围建筑的采光。

（2）土地利用规划：一些地区可能存在土地利用规划的限制，例如，不允许在某些地区建造高层建筑，或者规定建筑的高度和密度。如果一个建筑违反了土地利用规划，可能会导致相邻建筑的采光和日照受到影响。

争议焦点主要包括以下几个方面：

（1）是否违反规定：争议的核心问题是一个建筑是否违反了

规定，例如，是否超过了规定的高度或者密度限制。如果一个建筑违反了规定，那么可能会影响到相邻建筑的采光和日照。

（2）是否故意遮挡：另一个争议焦点是一个邻居是否故意遮挡另一个邻居的采光和日照。如果一个邻居故意遮挡另一个邻居的采光和日照，那么可能会导致纠纷。

三、专家建议

针对相邻采光、日照纠纷解决首先要充分了解纠纷背景，深入了解双方不动产的位置、结构和功能，以及采光、日照的实际情况；同时分析采光、日照受影响的具体原因，如建筑物高度、间距、窗户设置等。在调整自己的建筑结构之前，应充分考虑邻里间的光照情况并相应调整建筑物设计方案，同时可以积极采取增加绿化植被、安装照明设备等技术手段来改善采光和日照条件。邻里双方在解决此类纠纷时应进行友好协商，充分表达各自的诉求和期望。若协商调解无果，双方也应通过诉讼或仲裁等途径合法解决纠纷。

四、关联法条

《中华人民共和国民法典》第二百九十三条；

《中华人民共和国国家标准城市居住区规划设计规范（GB50180—2018）》。

相邻污染侵害纠纷如何化解

相邻污染侵害纠纷，是相邻关系中很常见的一类纠纷。这种污染侵害不仅仅指行为人排污排废的时候对相邻人的影响，也包括行为人制造的噪声、喧嚣、震动、异味、光污染等妨碍邻里正常生产、生活、损害他人身心健康的行为。面对这种来自邻里的各种污染，拿起法律武器是我们维护正当权益的最优解。

一、案例简介

（一）基本案情

曾某一承包种植莲藕的藕田与曾某二承包种植水稻的稻田毗邻。2019 年 7 月 11 日，曾某二从龚某处购买了"籼道 2 号"除草剂，并雇用邓某操纵无人机对水稻田喷施除草剂。同年 7 月 13 日曾某一发现自家与曾某二水稻田相邻藕田里的莲藕出现叶片打蔫的现象，几天后症状逐渐加重，最后枯死。7 月 24 日，曾某一向县种子管理局申请田间鉴定，鉴定结果显示，曾某一家莲藕出现的症状系曾某二喷洒"籼道 2 号"除草剂所致。于是，曾某一向法院提起诉讼，要求曾某二、龚某以及邓某赔偿其损失。[①]

[①] 详可参见（2023）鄂 10 民终 2070 号民事判决书。

（二）法院裁决

1. 一审判决

一审法院委托评估有限公司对曾某一所种植的莲藕枯死的原因及造成的经济损失进行鉴定，评估公司于2021年12月出具司法鉴定意见，确定了曾某一的损失金额，但由于鉴定距纠纷产生时间较久，故无法鉴定莲藕枯死原因。法院认为，结合两次鉴定结果、参考莲藕的历史长势及生物特征，酌情认定喷洒除草剂占莲藕损失的参与度为50%。关于当事人的责任如何划分，邓某作为无人机的操作人，未尽到注意义务直接导致损害的发生，按60%承担责任赔偿；龚某作为常年销售农药的个体工商户，出售时未严格叮嘱农药配比、喷洒注意事项，对损害发生具有一定的过错，应承担20%的赔偿责任；曾某二在明知采用无人机喷施除草剂药液飘移会对稻田周围的作物产生不同程度的药害的情况下依然选择喷施，并在除草剂选用、喷施指示等方面存在过失，应承担相应的责任即按20%的责任赔偿。结合前述鉴定结果确定的损失，法院判决了三方对曾某一的具体赔偿金额。

2. 二审判决

二审法院认为，关于因果关系和损失认定的问题，一审法院并未将鉴定意见书作为定案依据，只是客观地采信了鉴定意见书中的部分内容，继而对曾某一的损失予以酌定，此系一审法院自由裁量的范围，法院予以认可。关于上诉人是否存在过错的问题，三方均主张没有主观故意，但是一审法院责任分配的依据主要在于三方没有尽到各自的注意义务，三方的上诉理由不能成立。故认定一审判决认定事实清楚，适用法律正确，应予维持。判决驳回上诉，维持原判。

二、以案说法

本案的争议焦点主要在于：1.污染行为的认定；2.莲藕损失与喷洒除草剂是否有因果关系；3.如何确定莲藕的损失；4.当事人的责任如何划分。

污染行为的认定：在相邻污染侵害纠纷中，首先需要确定是否存在污染行为。这通常涉及对污染源的识别、污染物质的种类和数量、污染行为的持续时间等因素的考察。如果无法确定污染行为的存在，那么纠纷的解决就会面临很大的困难。本案即是通过"籼道2号"除草剂的成分进行认定的。

污染责任的归属：一旦确认存在污染行为，就需要确定污染责任的归属。这通常涉及对污染者是否有过错、是否有故意或过失行为的考察。本案中法院综合考量了当事人实施的行为、莲藕死亡现象、县种子管理局的意见、莲藕打药前后的长势变化认定了因果关系。然而由于申请鉴定的时候藕田损害的现场已不存在，对损失的核定、因果关系的鉴定会产生负面影响，加之考虑到当时的风向、病虫害、种植技术等因素，一审法院酌情认定损失参与度为50%。这也提示权利人需要及时的申请鉴定主张权利。

损害事实的认定：在相邻污染侵害纠纷中，损害事实的认定也是一个重要的争议焦点。这通常涉及对受害人所受损失的种类、范围和程度的评估。如果受害人无法提供充分的证据证明自己的损失，那么其索赔请求就可能无法得到支持。本案中的司法鉴定意见书就作为了法院认定损失赔偿的一个重要参考。

赔偿责任的承担：最后，相邻污染侵害纠纷的解决还需要考虑赔偿责任的承担问题。这通常涉及对赔偿责任的分配、赔偿方式的选择、赔偿数额的确定等因素的考虑。在赔偿责任的承担方面,通常会考虑污染者的过错程度、受害人的损失程度等因素。从本案法院的判决结果看,法院根据每个主体的行为参与度以及过错程度,较为公平地判定了每一方的责任。

三、专家建议

相邻污染侵害纠纷的认定是一个需要充足的证据支持的论证过程,因此,权利人在受到损害之后,应该及时申请鉴定,并且尽量多地收集证据,并且及时提起诉讼。只有这样,我们的权利才能最大限度地得到保护。

四、关联法条

《中华人民共和国民法典》第二百九十四条、第一千一百六十五条、第一千一百六十七条。

相邻损害防免关系纠纷如何化解

相邻损害防免关系纠纷，是指由于相邻不动产（如房屋、土地等）的使用或管理，导致一方受到了损害或妨碍，进而与相邻方产生的争议。在相邻损害防免关系中，要求一方不动产权利人在使用或管理自己的不动产时，应采取必要措施防止和避免给相邻不动产权利人带来损害或妨碍。

一、案例简介

（一）基本案情

李某与王某楼上楼下相邻。2021年8月23日，李某开始对房屋进行装修，在安装地暖时，王某的房屋天花板出现了裂缝裂纹，2021年9月开始，双方就天花板维修问题开始了协商，但是关于维修团队的选择一直未达成一致意见，所以维修事宜一直被搁置。后王某将李某诉至法院。[1]

（二）法院裁决

1. 一审判决

案件审理过程中，李某主张正常装修并未进行主体结构的任何破坏和拆修，申请就装修行为与王某房屋受损存在因果关系进行鉴定。一审法院委托市建设工程质量检测公司进行鉴定，鉴定

---

[1] 详可参见（2023）京03民终5350号民事判决书。

公司表明："顶板局部受损可能是受结构本体质量及外在振动受力的影响，不能明确给出鉴定意见，故我司不能对其因果关系进行鉴定。"王某提供了业主群聊天记录、李某房屋装修时的视频和照片等证据以佐证因果关系。一审法院认为，结合各方证据，可以证明装修行为和房屋损坏之间有因果关系，行为人因过错侵害他人民事权益造成损害的，应当承担侵权责任。故判令李某负责对王某的房屋进行维修恢复原状，并补偿李某在维修期间的部分租金损失。

2. 二审判决

二审法院认为，对负有举证证明责任的当事人提供的证据，人民法院经审查并结合相关事实，确信待证事实的存在具有高度可能性的，应当认定该事实存在。一审法院认定王某房屋损坏与李某房屋装修施工之间存在因果关系，并无不当。关于王某主张的维修恢复原状及损失赔偿一节，诉求合理应予支持。关于租金损失部分，李某装修行为致使王某房屋屋顶受损且存在安全隐患，势必影响房屋的出租使用，对相关租金损失的产生存在主要过错；王某作为房主未采取有效措施及时推动问题解决，对于损失的扩大亦存在一定过错，根据双方的过错酌定了租金的赔偿标准。最终判决驳回上诉，维持原判。

二、以案说法

本案的争议焦点主要在于：1.怎么明确举证责任；2.如何确定因果关系。

关于举证责任，需要参考《中华人民共和国民法典》侵权责任编规定的举证责任。行为人因过错侵害他人民事权益，应当承担侵权责任。当事人对自己提出的诉讼请求所依据的事实或者反驳对方诉讼请求所依据的事实，应当提供证据加以证明，但法律另有规定的除外。在作出判决前，当事人未能提供证据或者证据不足以证明其事实主张的，由负有举证证明责任的当事人承担不利的后果。对负有举证证明责任的当事人提供的证据，法院经审查并结合相关事实，确信待证事实的存在具有高度可能性的，应当认定该事实存在。

关于因果关系，法院会根据各方提交的微信聊天记录、照片、视频等证据，结合各方陈述，可以认定因损害行为致损坏的事实是否具有高度可能性。虽然鉴定是认定因果关系的一个重要参考，但是鉴定往往是有局限性的。而且法官得到的因果关系是由自由心证认定的法律上的因果关系，因此不能完全将鉴定结果作为判决依据，应该将所有证据作为参考，最终得出是否存在因果关系的结论。

三、专家建议

首先，双方应尝试通过友好沟通的方式解决问题。可以明确表达各自的诉求和关切，并尝试寻找双方都能接受的解决方案。其次，在处理相邻损害防免关系纠纷时，了解相关的法律法规是非常重要的。这有助于确定双方的权利和义务，以及可能的法律责任。如果双方无法自行达成协议，可以考虑寻求第三方调解。如果经过沟通协商和第三方调解仍无法解决问题，双方可以考虑向法院提起诉讼。在诉讼过程中，法院将依法审理案件，并作出相应的判决。但需要注意的是，诉讼可能会带来一定的时间、金钱和精力成本，因此应在充分权衡利弊后作出决定。为了预防类似纠纷的再次发生，双方可以考虑建立长效沟通机制。总之，解决相邻损害防免关系纠纷需要双方保持冷静、理智和合作的态度。

通过沟通协商、了解法律法规、寻求第三方调解、提起诉讼以及建立长效机制等方式，可以有效地解决纠纷并维护双方的合法权益。

四、关联法条

《中华人民共和国民法典》第二百八十八条、第二百九十五条、第一百二十条、第一千一百六十五条。

四、共有纠纷

共有人能单独处分共有财产吗

共同所有作为一种特殊的所有权状态，已经成为社会生活中的常见现象，财产共有制度带来效益性价值的同时也对共有人之间的关系产生了巨大的风险。共有关系的存在要求共有人在处分共有财产前应取得其他共有人的同意，实践中不少共有人对共有财产处理存在错误认识，导致其他共有人对共有财产的权益被侵害，共有人之间发生纠纷往往影响到成员关系的稳定。共有人应妥善处理共有财产，这对于预防和减少纠纷，促进社会关系和睦团结有着重要的意义。

一、案例简介

（一）基本案情

徐某某与蒋某某系再婚，被告曲某系蒋某某之子。2000年12月15日徐某某与蒋某某登记结婚，2016年9月徐某某出资购买坐落于天津市某区的楼房一套，由于工作很忙，其决定将该房屋登记在蒋某某名下。签完定金合同后，徐某某因工作繁忙，遂由蒋某某和原房主一起去办理过户手续。房产证下来后，徐某某一直没看过，以为就是登记在蒋某某名下，后来看到房产证时，发现该房屋产权人为蒋某某和曲某,其中蒋某某占60%,曲某占40%。徐某某发现后要求曲某将房屋所有权变更到自己或蒋某某名下,但遭到曲某拒绝。徐某某认为该房屋系其和蒋某某出资购买,属夫妻共同所有,故向天津市某区法院提起诉讼,请求确认涉案房屋系其与被告蒋某某共同所有,被告曲某应协助原告将该房屋过户到原告和蒋某某名下。曲某认为,原告和被告蒋某某的财产属于共有财产,被告蒋某某也有权利做主,房屋已登记其份额多年,成为事实,不同意原告的诉讼请求。[1]

(二)法院裁决

法院认为,结合本案双方当事人陈述,可以确认涉案房屋系原告与被告蒋某某婚姻关系存续期间购买,应属于夫妻共同财产,共有关系应属于共同共有。被告蒋某某在未取得作为该房屋共同共有人原告同意的情况下,将该房屋40%的份额登记至被告曲某名下的处分行为应属无效,曲某应将涉案房屋恢复登记至被告蒋某某及原告二人名下。被告曲某认为涉案房屋属于原告与被告蒋某某共有财产,被告蒋某某也有权利做主,但夫妻对共同所有的财产享有的平等处理权,并不意味着夫妻各自对共同财产享有一半的处分权,只有在共同共有关系终止时,才可对共同财产进行分割,确定各自份额。本案中,涉案处分行为发生于原告与被告蒋某某夫妻关系存续期间,在二人共同共有关系尚未终止、对该房屋尚未进行分割的情况下,被告蒋某某无权私自处分该房屋,故本院对被告曲某的抗辩意见不予采信,对原告的上述诉讼请求予以支持。

---

[1] 详可参见(2021)津0112民初16445号民事判决书。

二、以案说法

本案的重点在于厘清各共有人对共有财产行使权利的边界。

共有是指两个以上的权利主体对同一物共同享有所有权的法律状态。共有包括按份共有和共同共有，在两种情形下共有人权利行使的限制有所差别。除共有人之间具有家庭、夫妻等共同关系外，在共有人对共有财产没有约定或约定不明确的情况下，视为按份共有，即两个以上的组织、个人对共有的动产或不动产按照份额享有所有权，份额通常由共有人通过协议约定。除非按份共有人之间另有约定，在权利行使上，首先，在对共有财产进行处分、作重大修缮、变更性质或者用途时，需经占份额三分之二以上的按份共有人同意。其次，按份共有人有权随时请求分割共有财产。最后，共有人可以转让其享有的共有财产的份额。

而对于共同共有，在实际生活中，常见类型为夫妻财产共有、家庭财产共有和遗产分割前的共有，在最后一种情形中，如果被继承人的遗嘱已明确指定了各继承人继承的财产份额，那么在遗产分割前的共有就不是共同共有，而是按份共有。共同共有人对共有财产是共同享有所有权，各共有人的权利平等地及于共有财产的全部，只要共同关系存在，共有人就不能划分各自对共有财产的份额，故在权利行使上，共有人在处分共有财产或对共有财产作重大修缮、变更性质或者用途时，需经过全体共同共有人的同意，且共同共有人只有在共有的基础丧失或者有重大理由需要分割时才可以请求分割。

本案中，涉案房产系原告与被告蒋某某婚后购买，属于双方共同所有的财产，这种共有是不分份额地享有共同权利，承担共同义务，而不能理解为双方各自按照50%份额享有权利和承担义务。份额只有在共同关系终止或者存在重大理由请求分割后才能确定,在婚姻关系存续期间,一般在夫妻一方有隐藏、转移、变卖、毁损、挥霍共同财产或者伪造共同债务等严重损害夫妻共同财产利益的行为以及在一方负有法定扶养义务的人患重大疾病需要医治,而另一方不同意支付相关医疗费用时才能请求分割共有财产。蒋某某并不具备婚姻关系存续期间分割财产的情形,其未经共同共有人的同意擅自将涉案房屋 40% 的份额登记至曲某名下的行为侵犯了原告对共有财产的权利。假设原告与被告蒋某某是各自按照 50% 份额对房屋享有所有权,则蒋某某有权自由处分该份额,其处分行为也不会影响到其他共有人的份额权益,因此蒋某某可以不经原告同意将房屋 40% 份额登记至曲某名下。但应注意,按份共有人若是将其份额有偿转让给他人,应当通知其他共有人,告知转让价格、履行方式等内容,避免侵害其他共有人的优先购买权。

三、专家建议

由于社会生活的需要,共有的状态得到了法律认可,但共有制度的目的不仅仅在于实现资源的合理配置,也致力于保证社会关系的和谐安定,特别是共同共有财产的处分和分割,较按份共有,有着更为严格的规范要求正是这一价值的体现。共有关系成立后,共有人负有维持共有关系的义务。在实际生活中,共有人在处理共有财产之前,应首先与其他共有人进行协商,按照协商一致后的意见处理,而不应出于个人利益考虑而随意损害其他共有人的利益。

四、关联法条

《中华人民共和国民法典》第三百零一条、第三百零三条、第三百零五条、第三百零八条、第一千零六十六条;

《最高人民法院关于适用〈中华人民共和国民法典〉物权编的解释(一)》第九条。

共有房产如何分割

生活中，因婚姻、继承、共同生产经营等各种原因，个人、组织之间可能就房产形成共有关系，法律确认和保护这种财产共有，但在夫妻离婚、家庭成员分家析产、遗产继承等情形下，共有的基础丧失，共有人之间可能就需要进行共有房产的分割，法律尊重共有人的意思自治，允许共有人之间协商确定共有房产的分割方式，也允许共有人向法院申请进行分割，但在诉请分割时，若分割违背了公序良俗或被认为不具备分割条件，当事人的分割请求往往会被驳回，共有人需谨慎对待共有房产分割的问题。

一、案例简介

（一）基本案情

余某、岑某于2010年6月28日办理了协议离婚手续，尔后双方于2011年2月18日办理了结婚登记手续复婚。岑某一是岑某与其前妻所生的儿子，余某与岑某再次办理结婚登记时岑某一已接近年满18周岁。

2016年11月1日，余某和岑某一作为买受人与广东某公司签订《商品房买卖合同》，购买位于恩平市某区房屋。该房屋已支付首期款，剩余房款由岑某一作为借款人、余某和岑某一作为抵押人与中国农业银行某支行签订《个人购房担保借款合同》贷款支付。合同中约定余某、岑某签订《共同借款承诺书》，承诺作为共同借款人，无条件对岑某一与银行签订的《个人购房担保借款合同》项下债务承担共同还款责任。该房屋于2017年5月23日办理《不动产权证书》，登记权利人为余某、岑某一，共有情况为共同共有，并于2017年11月14日办理抵押登记。2017年，余某、岑某及岑某一共同装修该房屋并入住。

2019年10月14日，余某以夫妻感情已破裂为由提起离婚诉讼，法院作出判决准许余某与岑某离婚，双方的婚姻关系于2020年12月4日解除。余某认为，其与岑某离婚后，与岑某一之间的共有关系基础已经丧失，故向法院提起诉讼，请求分割共有房屋。被告岑某一不认可原告诉请补偿的金额。岑某提出涉案房屋应归其所有，由其补偿原告与被告。中国农业银行某支行认为，在没有还清银行贷款的情况下，无论涉案房屋归属哪一方，都只是该三人之间的内部约定，不能改变该三人的共同还款责任。[1]

（二）法院裁决

法院认为，涉案房屋属原告与被告作为家庭成员时所购买，原告以共有关系基础丧失为由请求对涉案房屋予以分割符合法律规定，对于分割方案，第三人岑某提出独立请求，即涉案房屋归其所有，由其补偿原告与被告。三方对此分割方式达成一致，故予以支持。在涉案房屋权属变更为岑某一所有后，剩余房款应由其自行承担，三人内部对还款的约定不影响中国农业银行某支行要求该三人承担共同还款责任。

---

[1] 详可参见（2022）粤0785民初3427号民事判决书。

二、以案说法

本案的争议焦点在于涉案房屋是否应予分割以及如何分割、中国农业银行某支行的独立请求是否应予支持。

在按份共有的情形下，除非共有人之间约定不得分割共有财产，否则按份共有人可以随时请求分割，但在共同共有的情形下，共有人只有在共有的基础丧失或者有重大理由需要分割时才可以请求分割。本案中，被告岑某一系岑某与其前妻的儿子，与原告没有任何的血缘关系，原告与岑某复婚时，被告岑某一已近年满18周岁，原告基本上与被告岑某一没有共同生活，其与被告之间的继子女关系因原告与岑某的婚姻关系解除而自然解除，故原告有权以共有基础丧失为由请求分割涉案房屋。

《中华人民共和国民法典》规定的共有物的分割方式主要有以下几种：（1）实物分割。该方式一般要求共有物为可分物，除物理上可分以外，还要权利上可分。就商品房而言，尽管其结构上可以分割独立居住，但其最小权利单位是"套"，分割部分无法办理独自的房屋产权证，实物分割几乎不可能。而作为私人产权的平房，有可能以"间"为单位进行实物分割，各权利人分得分割部分后可分别办理产权证。（2）折价。即共有物归部分共有人所有，但所有人需向其他共有人支付折价款，折价款的计算通常由共有人协商确定或通过评估确定。实践中若存在多名共有人均要求共有物归其单独所有且均同意支付折价款的情形，一般数名共有人之间先进行竞价，价高者取得共有物的所有权。共有人为保障其权利实现，避免出现主张所有权的共有人无力支付折价款的情形，一般会要求所有人提前将全部或部分折价款存入法院指定账户，待裁判文书生效后由法院向其发放折价款。（3）拍卖、变卖。若采用拍卖方式分割共有房屋，通常要求对于该共有房屋已无居住需求、共有人也不主张行使优先购买权，在实践中，因拍卖可能会面临拍卖价款低于市场价的风险，故共有人须谨慎选择该种方式。变卖即共有人合意将房屋以非拍卖的方式出售，房屋售价由市场行情决定，共有人按照共有比例分割所得价款。

本案中，余某、岑某及岑某一因购买涉案房屋作为共同借款人对债权人银行承担共同还款责任，尽管涉案房屋已由该三人协商归岑某所有，但该约定仅为内部约定，权属的变更不影响余某与岑某一的责任承担，三人对外仍要承担连带债务，即岑某取得涉案房屋的所有权后，银行仍可以要求余某、岑某一承担还款责任。对于余某、岑某、岑某一三人内部而言，在涉案房屋权属变更为岑某所有、余某与岑某一取得折价款后，剩余的银行借款应由岑某自行承担，故若岑某违反借款合同约定致使余某承担违约责任的，余某在承担违约责任后有权向岑某追偿。

三、专家建议

共有关系终止后共有人面临的首要问题就是共有物的分割，为避免纠纷，使分割顺利进行，共有人应首先进行协商，在协商过程中应坚持物尽其用原则，不能因分割共有物而造成共有物价值的减损，共有人在协商达成一致后须恪守承诺，不违约背约。若无法达成合意，共有人也可以申请法院或仲裁机构进行分割，但不论是协议分割还是裁判分割，具体的分割方法不外乎实物分割，折价分割，拍卖、变卖分割三种。应注意，共有人选择以拍卖方式出售房屋时须承担房屋可能面临的流拍、拍卖价格较低的风险。

四、关联法条

《中华人民共和国民法典》第三百零三条、第三百零四条、第三百零七条。

债务人仅有共有财产，债权人如何实现债权

随着社会进步，运用法律武器维护自身合法权益的观念深入人心，越来越多的公民选择将纠纷诉诸法律，然而，在执行阶段，因债务人拒不履行或无能力履行，法院的生效判决难以落实，债权人无法实现其合法权益。实践中存在债务人为给执行增加阻力而故意不与其配偶分割共有财产或者选择与配偶离婚，通过协议方式将共有财产全部归其配偶所有，使自己名下无任何可供执行的财产。债务人这种逃避生效判决确定的给付义务的行为严重侵害了债权人的债权利益，也损害了司法公正的形象。

一、案例简介

（一）基本案情

叶某与吕某于2007年10月8日登记结婚，2016年6月16日吕某向鹤山市某公司购买坐落于鹤山市某街道2002房的房产，房产权属人为吕某，共有情况为单独所有。2013年4月7日刘某将坐落于鹤山市某街道601房的房产转移给吕某、吕某一；2020年5月28日，吕某、吕某一将该房产转移给吕某、吕某二；2021年2月8日吕某、吕某二将该房产转移给李某，现房产登记权属人为李某。

江门市某贸易公司曾因与叶某、吕某买卖合同纠纷一案诉至江门市某区法院，经过二审法院审理认为，该案欠款依法不能认

定为夫妻共同债务,吕某无须承担共同偿还责任,故判决叶某向江门市某贸易公司支付货款及利息,该判决已于2021年7月26日发生法律效力。后因叶某没有履行该生效判决所确定的还款义务,江门市某贸易公司向江门市某区法院申请强制执行,2021年12月20日,该法院作出被执行人暂无财产可供执行,终结本次执行的裁定。2021年9月28日,江门市某贸易公司向法院提起诉讼,请求对叶某、吕某共有的鹤山市某街道2002房、鹤山市某街道601房的房产进行析产分割,保障其对叶某合法债权的实现。被告吕某认为,其对原告与叶某之间的债务毫不知情,应当由合同买卖双方自行解决,而且原告并未证明叶某已无法履行债务,其提出的析产诉讼不符合法定程序,故不同意原告对其房产进行析产的请求。[①]

(二)法院裁决

法院认为,虽然坐落于鹤山市某街道2002房房产的登记权属人为吕某,但该房产是吕某与叶某在婚姻关系存续期间购买的,属于吕某与叶某的夫妻共同财产,应由双方共同共有。在买卖合同纠纷一案的民事判决生效后,叶某不履行生效判决确定的给付义务,原告向江门市某区法院申请强制执行后,叶某既不协议分割上述房产,也不提起析产诉讼,原告作为申请执行人有权代位提起析产诉讼,故确认被告叶某和被告吕某对上述房产各享有50%的产权份额。对于鹤山市某街道601房的房产,由于该房产的现登记权属人为案外人李某,已不属于吕某与叶某所有,故对原告要求对该房产进行析产的请求不予支持。

---

① 详可参见(2021)粤0784民初4686号民事判决书。

二、以案说法

本案的重点在于债权人是否符合替代债务人向其他共有人提起分割财产请求的要求。

债权人代位析产是指民事判决生效后，债务人不履行到期债务，又怠于分割共有财产或不提起要求分割共有财产的诉讼，而由债权人代替债务人向其他共有人提起要求分割共有财产的诉讼。

提起债权人代位析产诉讼应符合以下四个条件：（1）债权人的债权必须经过生效裁判文书的确认，且债权人已经向法院申请强制执行并经法院受理。析产诉讼是依附于强制执行程序而衍生出来的，其行使的前提条件与强制执行行为密不可分。（2）除共有财产以外，债务人无其他可供执行的财产。因共有财产关系到除债务人以外的其他共有人的利益，若债务人有其他财产可供执行，就不应当破坏共有关系的秩序，故需要以法院作出未发现被执行人有其他可供执行的财产从而终结本次执行的裁定为前提。（3）共有财产已被法院采取查封、扣押、冻结等强制措施并通知其他共有人。（4）债务人和其他共有人均未主动对共有财产进行分割或提起析产诉讼，导致法院无法继续执行。析产诉讼的目的在于确认债务人对共有财产的份额以实现债权人的判决利益，故在共有财产上是否存在抵押权、共有人是否还清了共有财产的按揭贷款均不影响债权人提起代位析产诉讼。

《中华人民共和国民法典》规定的共有包括按份共有和共同共有，因按份共有人对共有财产的份额已经确定，故析产诉讼通常指向存在共同关系的共有人之间，而实务中最常见的便是夫妻共同共有的类型。本案中，涉案房产登记权属人为吕某的事实并不影响将该房产认定为夫妻共同财产,债务人叶某不履行生效判决确定的给付义务,在原告向法院申请强制执行仍无法实现债权的情况下,叶某既不与吕某就共有财产进行分割也不主动提起析产诉讼,原告有权代替债务人叶某提起析产诉讼确定叶某对涉案房产所享有的份额。假设叶某主动与吕某协议分割共有财产,为了保障债权人的合法权益,允许债权人对于债务人的意思自治予以一定限制,共有财产分割协议的效力受到债权人是否认可的影响。在债权人知晓并认可该分割协议的情况下,债权人只能对叶某通过财产分割后获取的财产请求清偿债务,若债权人并不认可共有人之间的分割协议,该协议对债权人不发生法律效力,债权人仍可以通过提起析产诉讼就债务人的共有财产申请财产分割。一旦夫妻双方通过离婚协议方式将共有财产全部归不负债务的一方,债权人可考虑是否存在恶意串通损害其利益的情形,通过确认协议中共有财产分割条款无效或行使债权人撤销权的方式保障其债权的实现。

三、专家建议

债权人代位析产作为一种解决"执行难"的辅助性诉讼,有助于债权人从债务人的共有财产中实现判决利益。实务中诉讼请求多表现为请求确认债务人对夫妻共有财产享有的份额,故是否存在夫妻共同财产成为债权人提起这一诉讼的前提,债权人需事先进行充分调查取证,除登记于债务人夫妻双方名下的财产外,还包括单独登记在债务人配偶名下的财产,对于后者,债权人须向法院提供债务人及其配偶的婚姻关系及属于夫妻共有财产的证据,若提供确有困难的可申请法院调取相关证据。

四、关联法条

《中华人民共和国民法典》第三百零三条;

《最高人民法院关于人民法院民事执行中查封、扣押、冻结财产的规定》第十二条。

第二篇 用益物权纠纷化解

一、土地承包经营权纠纷

土地承包时遗漏家庭成员如何解决

落实好农村土地承包政策,事关农村社会和谐稳定。根据法律规定,农村土地以家庭为单位进行承包。由于农村家庭成员往往较多、存在长期外出务工等特殊情形,难免会出现土地承包合同订立时遗漏家庭成员的情形,导致部分家庭成员利益受损。妥善处理此类纠纷,对于依法保障农民权益、维护农村家庭及农村社会和谐均具有重要意义。

一、案例简介

(一)基本案情

方某甲与方某乙系同胞兄弟。1998年,方某祥作为村集体经济组织成员以家庭承包方式承包了该村数亩土地,双方未签订土地承包合同,土地承包经营权证载承包人为方某祥一人。2005年,方某祥与村委会签订《农村土地承包合同》,确定方某祥承包该村数亩土地,合同承包方处列其妻曹某荣、五子方某乙及方某乙之妻女为土地承包经营权共有人,未包含方某甲及其妻女,承包期限至2028年。2014年,当地进行"二轮土地延包",村委会对方某祥的承包地及共有人情况进行了调查并制作《承包方调查表》,此轮调查仍然遗漏方某甲及其妻女等4人。2015年，村委会按照上述调查核实的情况，与方某祥再次签订《农村土地承包合同》，内容均与前述《承包方调查表》一致。此后，因未获土地承包经营权，方某甲及其妻女等4人遂以村委会为被告提起诉讼，请求确认其4人为2015年《农村土地承包合同》的土地承包经营权共有人。[1]

（二）法院裁决

1. 一审判决

一审法院认为，案涉土地最后一次颁证所依据的承包合同、承包方调查表均未将4人列为共有人，且明确显示方某祥以家庭承包方式取得的土地承包经营权的家庭成员共有6人，并不包括方某甲等4人，方某甲等4人要求成为案涉土地承包经营权共有人的诉请就没有事实依据。故一审判决驳回其诉讼请求。

2. 二审判决

二审法院在一审判决的基础上另查明，方某甲一家的田地在其父亲方某祥土地承包合同面积之内，二轮延包和土地确权时漏掉方某甲一家4口为土地承包经营权共有人。2015年土地确权时，方某甲曾要求办理其所分土地分户经营权证未果。

故二审法院认为，按照我国农村土地承包政策，二轮农村土地承包经营实行"增人不增地、减人不减地"的延包政策，虽然方某祥家庭承包经营权合同共有人未列方某甲等4人，但是方某祥代表家庭与所在村集体经济组织签订的土地承包合同应包含方某甲一家二轮延包的土地。二审法院遂撤销一审判决，改判确认方某甲等4人系2015年《农村土地承包合同》的土地承包经营权共有人。

---

[1] 详可参见（2023）鄂13民终2459号民事判决书。

二、以案说法

本案的焦点在于《土地承包合同》所涉家庭成员的事实认定及是否应将被遗漏的家庭成员进行"补认"。

土地承包经营权是指土地承包经营权人为从事种植业、林业、畜牧业，对其承包的集体所有或者国家所有由农民集体使用的耕地、林地、草地以及其他用于农业的土地所享有的占有、使用、收益的权利。土地承包经营权是我国农村土地法律制度中特有的概念，是我国农村集体经济组织实行土地承包责任制的产物。在我国，农村集体经济组织实行家庭承包经营为基础、统分结合的双层经营体制的特殊制度，在农民与土地的关系上，则以农村土地承包经营方式使农民能够有效地利用土地。

土地承包经营权自承包合同生效时取得，也即，承包合同兼具合同效力及物权效力，即发包方与承包方只要达成意思表示一致，土地承包合同即成立并生效，就标志着土地承包经营权的设立，并不以登记机构的登记作为该用益物权取得的要件。法律规定的登记造册只是对土地承包经营权予以确认的程序，发放给承包方的土地承包经营权证、林权证等证书，只是承包方享有土地承包经营权的法律凭证，主要目的在于确认土地承包经营权，而非通过登记造册设定权利。故此，方某甲一家在本案中的诉讼请求是确认其为《农村土地承包合同》的土地承包经营权共有人。

《中华人民共和国农村土地承包法》第十六条规定，家庭承包的承包方是本集体经济组织的农户。农户内家庭成员依法平等享有承包土地的各项权益。据此，只要是集体经济组织的农户内家庭成员，均有权平等地承包土地，每个集体经济组织成员不论男女老幼均有承包经营所在集体经济组织土地的权利。实践中常常出现外嫁女是否在原家庭内享有土地承包经营权、离婚后是否仍享有土地承包经营权、分家是否导致土地承包经营权分割、因常年在外务工导致未作为共有人签订土地承包合同等复杂情形，需要根据法律规定及当事人举证的事实进行综合判断。

本案中，方某甲一家系村集体经济组织成员，因外出务工在二轮延包和土地确权时被遗漏，未被列为土地承包合同的共有人，且村委会对此出具证明予以确认，则方某甲一家有权要求对其进行"补认"，确认其为土地承包合同的共有人。如此，方能保证其平等享有法律规定的各项权利，对农村集体土地行使占有、使用和收益的权利。

三、专家建议

农村土地承包原则上采取农村集体经济组织内部的家庭承包方式，家庭成员平等地享有承包土地的各项权益。作为农村家庭成员，应重视土地调查、签订土地承包合同等程序，避免因自身原因被遗漏。若发现遗漏土地承包合同主体的情形，应及时组织、梳理证据，通过家庭成员、村委会等多方证明，证明自己是集体经济组织内部的家庭成员，并通过法律程序维护自身合法权益。

四、关联法条

《中华人民共和国民法典》第二百三十四条、第三百三十三条；

《中华人民共和国农村土地承包法》第三条、第五条、第十六条。

土地承包经营权能否继承

土地是农民赖以生存的基础,是农民最主要的生活保障。土地承包经营权能否继承,家庭内部分成员去世后如何处理以家庭为单位承包的土地对农民而言至关重要。解决好土地承包的继承问题,能使得土地承包关系更加稳固、可持续,也有助于保持我国农村家庭与农村社会的稳定。

一、案例简介

(一)基本案情

1998年,甲方密云县新城子乡[①]某村经济合作社与乙方王某签订《农村集体土地承包合同书》,约定由乙方承包位于某村土地,承包期限自1998年起至2027年止,承包期限共30年。王某与李某系夫妻,二人育有子女王某一、王某二、王某四、王某五、王某七。2017年,王某与李某立下遗嘱,内容为:我有现房院一处(4间,约6分地)和所有承包山林、土地,在我百年之后,以上财产由我三儿王某二继承。其他儿女无权与我三儿王某二分割所有财产。王某及李某在遗嘱上签名并捺手印,执笔人杨某以及见证人丁某、钱某在遗嘱上签名。

北京市密云区人民政府颁发的《农村土地承包经营权证》,登

---

① 现为密云区新城子镇。

记时间为2019年7月1日；主要内容为：发包方北京市密云区新城子镇某村经济合作社，承包方代表王某，承包方式为家庭承包，承包期限自1998年至2027年止，承包方家庭成员包括李某、王某三（去世）、王某四（去世）、王某二、姜某（新增）、王某八（新增）、马某（非农），承包地确权总面积5.47亩等。

王某及李某相继去世后，王某一以王某二为被告向法院提起土地承包经营权继承纠纷之诉，要求继承王某名下的土地承包经营权及果树地承包经营权。①

（二）法院裁决

1. 一审判决

一审法院认为，继承开始后，按照法定继承办理；有遗嘱的，按照遗嘱继承或者遗赠办理。王某与李某的遗嘱符合代书遗嘱的规定，合法有效。依据遗嘱，王某承包的山林、土地应由王某二继承。需要注意的是，我国农村家庭承包是以户为单位的，而不是以个人为单位的，因此农村家庭承包经营户内有个别家庭成员去世，但户内还有其他家庭成员的，不产生继承问题，应当由其他承包人继续经营至承包期满。王某通过租赁方式从村集体经济组织租赁土地用于老果树更新改造，签订的合同第七条第（三）项规定在承租期内有依法继承权，因遗嘱确定承包的山林、土地由王某二继承，故果树地的租赁权益应由王某二继承。故判决王某名下的果树地承包经营权由王某二继承，驳回王某一的其他诉讼请求。

2. 二审判决

王某一不服一审判决，提起上诉。二审法院认为一审判决认

---

① 详可参见（2021）京03民终2510号民事判决书。

定事实清楚，适用法律正确，故判决驳回上诉，维持原判。

二审法院判决生效后，王某一向北京市高级人民法院申请再审。再审法院认为，王某一申请再审的理由缺乏事实和法律依据，遂裁定驳回王某一的再审申请。

二、以案说法

本案的争议焦点在于土地承包经营权是否可以继承。

（一）土地承包经营权原则上不得继承

土地承包经营权本身能否作为遗产继承，对于这一问题的探究，应当基于农村土地承包经营权的社会保障性考量，并以相关的法律法规为依据。根据我国法律规定，通过家庭承包方式取得农村土地承包经营权，一般不发生继承。家庭承包的主体是农户，而非个人。虽然在承包经营合同上签字的可能仅为农户中的某一家庭成员，但是签字人作为农户的代表在承包经营合同上签字，承包的主体仍然是农户。

农户承包土地后，在承包期限届满前，家庭有新生成员的不增加土地，有成员去世或离开的不减少土地。由于承包的主体是户而非个人，家庭联产承包就不产生继承问题。对此需要充分理解"户"这一概念。并非父亲签订的承包经营合同，父亲去世后就由同为村集体经济组织成员的子女来继承土地承包经营权。正确的理解应当是，父亲去世后，儿女仍为"户"的成员，继续对所承包的土地享有权益，不涉及继承的问题。家庭成员全部死亡的，因农户已不存在，家庭承包经营权因权利主体消灭而丧失，承包地应由村集体收回重新发包，不存在承包经营权的继承问题。所以，土地承包经营权原则上不得继承。

（二）林地家庭承包经营权可以继承

土地承包经营权不可继承在我国法律上也存在例外。《中华人民共和国农村土地承包法》（以下简称《农村土地承包法》）第三十二条第二款规定："林地承包的承包人死亡，其继承人可以在承包期内继续承包"；《最高人民法院关于审理涉及农村土地承包纠纷案件适用法律问题的解释》第二十三条第一款规定："林地家庭承包中，承包方的继承人请求在承包期内继续承包的，应予支持。"据此，林地承包的承包人在承包期内死亡的，其继承人可以基于继承权主张在承包期内继续承包。这主要是考虑种植树木的收益周期长，承包期相对也较长，故在承包期内允许继承人继承承包经营权。

（三）以招标、拍卖、公开协商等方式取得的土地经营权可以继承

《农村土地承包法》第五十四条除规定以其他方式承包取得土地经营权的承包人死亡，其应得的承包收益依照继承法的规定继承外，还规定"在承包期内，其继承人可以继续承包"。以其他方式承包取得的土地经营权，承包主体没有身份限制，承包标的不具有社会保障性，发包方式呈现市场化属性，土地经营权的财产属性更为明显，《中华人民共和国民法典》将其从原有的土地承包经营权体系中剥离，也是对此种承包方式主体平等性、权利配置市场性、权益财产性的尊重，因此，在承包期内允许继承人继承土地经营权。

三、专家建议

农村家庭内部分家庭成员死亡时，对涉及的土地承包经营权继承问题应进行区分。原则上土地承包经营权不得继承，但也存

在两种例外情形：一是林地承包的承包人在承包期内死亡的，其继承人可以基于继承权主张在承包期内继续承包；二是以招标、拍卖、公开协商等方式取得的土地经营权可以继承。

四、关联法条

《中华人民共和国民法典》第五十五条、第三百三十三条第一款、第一千一百二十二条；

《中华人民共和国农村土地承包法》第十六条、第十七条、第二十三条；

《最高人民法院关于审理涉及农村土地承包纠纷案件适用法律问题的解释》第二十三条。

农村外嫁女如何保障农村土地承包经营权

在农村社会的传统观念下，出嫁姑娘的土地承包也会做出一些调整。然而，随着经济发展，农村青年人婚姻选择的自由度也越来越大，导致外嫁姑娘人数逐渐增多。而农村姑娘一旦外嫁，她们在娘家的土地承包经营权也势必会受到不同程度的影响，这种情况在农村普遍存在。农村外嫁姑娘在原居住地的土地承包经营权在其出嫁后如何得到保障，成了当今社会需要重点研究的话题。

一、案例简介

（一）基本案情

闫某原系平山区桥头镇台沟村6组村民，1996年原告分得了耕地6亩，菜地0.7亩。原告于2001年因结婚将户口迁出台沟村，迁至富家村。同年5月，台沟村村委会将承包地收回，承包给第三人杨某，在2019年6月18日第三人杨某取得该土地承包经营权证并获得承包经营权。2019年闫某以台沟村村委会为被告，要求归还土地，并要求第三人杨某赔偿其经济损失。

（二）法院裁决

法院认为对于原告要求被告及第三人返还承包地，因被告将该承包地承包给第三人，现第三人已取得承包权，并办理了土地经营权证，对于土地享有用益物权，故在第三人该土地物权未丧失前，原告要求被告及第三人返还该土地的诉讼请求，不予支持；对于原告要求第三人返还补贴款及赔偿损失，因第三人与被告签订承包合同并办理了土地承包经营权证，对此原告未提供证据证明第三人存在恶意侵占的故意，且第三人享有土地承包经营权，原告要求第三人返还补贴款及赔偿损失的诉讼请求，不予支持。

二、以案说法

本案争议焦点主要有两个：一是台沟村是否有权收回耕地及菜地的承包经营权；二是第三人杨某是否取得承包经营权。

（一）农村土地承包经营权的认定

根据《中华人民共和国农村土地承包法》第三十一条的规定，承包期内妇女结婚，在新居住地未取得承包地的，发包方不得收回其原承包地，即农村妇女户口迁走后，如在新居住地未取得承包地，仍然可以继续占有和使用。具体来说：农村土地承包中，妇女与男子享有平等的权利。任何组织和个人不得剥夺或侵害妇女应当享有的土地承包经营权。如果妇女户口迁出后在新居住地未取得承包地，她仍然享有原居住地的承包地。

存在下列情形，原承包人不再享有农村土地承包经营权：1.经发包方、承包方协商同意，在不损害国家、集体和第三人利益的前提下，承包方自愿放弃承包土地的；2.发包方与承包方在签订合同时，双方约定的合同解除条件已经成熟的；3.承包方的家庭成员全部由农业户口转为非农业户口，或者全部迁徙并落户外地的；4.承包方丧失劳动能力，无力继续耕种土地，本人自愿放弃土地承包经营权的；5.由于国家建设需要，承包方所承包的土地全部被依法征用或者批准占用的；6.由于洪涝、地震等自然灾害的不可抗拒的原因，使全部承包土地严重破坏，承包合同全部无法履行的；7. 承包方在承包期内，违反法律法规和承包合同的约定，闲置荒芜承包的耕地且已2年以上的，由发包方解除承包合同，收回所发包的耕地；8. 承包人在承包期内死亡，且无第一顺序继承人继承承包的，可以解除土地承包合同。

（二）第三人是否取得承包经营权

根据《中华人民共和国民法典》（以下简称《民法典》）第三百一十一条无处分权人将不动产或者动产转让给受让人的，所有权人有权追回；除法律另有规定外，符合下列情形的，受让人取得该不动产或者动产的所有权：（1）受让人受让该不动产或者动产时是善意；（2）以合理的价格转让；（3）转让的不动产或者动产依照法律规定应当登记的已经登记，不需要登记的已经交付给受让人。受让人依据前款规定取得不动产或者动产的所有权的，原所有权人有权向无处分权人请求损害赔偿。当事人善意取得其他物权的，参照适用前两款规定。根据《民法典》第三百一十三条善意受让人取得动产后，该动产上的原有权利消灭。但是，善意受让人在受让时知道或者应当知道该权利的除外。故第三人杨某善意取得土地的用益物权。

三、专家建议

在农村远嫁姑娘的土地承包问题中，尊重妇女权益、平等对待婆家与娘家的土地承包是重要的。远嫁姑娘应该享有与儿子一样的社会保障和待遇，而不应受到户口迁移等因素的限制。政府的政策指导对于解决问题起到了积极的推动作用，但需要加大宣传力度，让更多人了解和执行这一政策。

四、关联法条

《中华人民共和国农村土地承包法》第三十一条、第四十二条;

《中华人民共和国民法典》第三百一十一条、第三百一十三条、第三百三十一条。

二、建设用地使用权纠纷

一地数卖,花落谁家

土地属于稀缺资源,尤其是随着我国城镇化的发展,土地具有很高的经济价值,城镇的发展也往往从土地开发和基础建设开始,而一块好地段的土地,往往吸引多个卖家,买家也想从土地的流转中获得最高的经济收益。然而,从转让合同的签订到土地使用权的变更登记往往需要一定的时间,实践中经常出现一地数卖的情况,此类纠纷涉案金额较大,法律关系相较复杂,情况也不尽相同。

一、案例简介

(一)基本案情

金霞公司将案涉土地的建设用地使用权转让给了某交通局,交通局向金霞公司支付完毕转让价款,但未办理土地使用权变更登记手续。因未及时偿还银行的贷款,金霞公司、贷款银行与江湾公司达成调解协议,约定由江湾公司代金霞公司偿还本金和利息,金霞公司将案涉土地使用权证和权益交给江湾公司。交通局和江湾公司均请求法院确认案涉土地的使用权归其所有。[1]

---

[1] 详可参见最高人民法院(2015)民一终字第163号民事判决书。

（二）法院裁决

1. 一审判决

一审法院认为，金霞公司与某交通局签订的《土地使用权转让协议》以及相关补充协议属于双方当事人真实意思表示，内容未违反签订时的法律规定，合法有效。江湾公司基于为金霞公司向银行偿还贷款而取得对金霞公司的债权，但该债权劣后于交通局的债权。该交通局已按约支付土地转让款项并已在案涉土地上进行了建设并占有使用多年，一审法院判决金霞公司应按照协议约定为交通局办理变更登记手续，驳回江湾公司的诉讼请求。

2. 二审判决

二审法院认为，金霞公司与交通局签署的《土地使用权转让协议》在先，尽管未办理土地使用权变更登记手续，但交通局已现行占有案涉土地并投资建成汽车站，根据《最高人民法院关于审理涉及国有土地使用权合同纠纷案件适用法律问题的解释》第九条的规定，在均未办理土地使用权变更登记手续情况下，已先行合法占有投资开发土地的受让方请求转让方履行土地使用权变更登记等合同义务的，应予支持。基于此，二审法院认为一审法院查明事实清楚，适用法律正确，遂判决驳回上诉，维持原判。

二、以案说法

本案的争议焦点主要在于一地多卖的情况下，谁可以优先取得土地使用权？

根据《中华人民共和国土地管理法》（以下简称《土地管理法》）的规定，我国实行土地用途管制制度，将土地分为农用地、建设用地和未利用地，而建设用地是指建造建筑物、构筑物的土地，包括城乡住宅和公共设施用地、工矿用地、交通水利设施用地、旅游用地、军事设施用地等。建设用地使用权作为一种用益物权，是指建设用地使用权人依法对国家所有的土地享有占有、使用和收益的权利，建设用地使用权人有权利用该土地建造建筑物、构筑物及其附属设施。

建设用地使用权出让方式有两种，分为有偿出让和无偿划拨，本案中金霞公司取得建设用地使用权的方式是通过与国土资源局签订出让合同并支付土地出让金的方式取得，属于有偿出让。有偿出让和无偿划拨最大的不同在于划拨的土地未经人民政府审批不得转让，而有偿取得建设用地使用权人可以将建设用地使用权转让、互换、出资、赠与或抵押。金霞公司作为权利人有权将建设用地使用权进行转让。

建设用地使用权流转应签订书面的转让协议并及时办理权属变更登记才可发生物权变动的效力。本案中金霞公司先后将建设用地使用权转让给了某交通局和江湾公司，但均未做变更登记，金霞公司的两次转让合同均为有效，交通局和江湾公司均有权请求金霞公司履行变更登记等义务，但因金霞公司已将土地先行交付给交通局，交通局支付完毕转让价款后对土地完成了建设并处于运营中，若判决金霞公司向江湾公司履行变更登记的义务，将导致无过错的交通局产生巨大的损失，因此法院依法支持了交通局要求金霞公司进行变更登记的诉讼请求。

三、专家建议

"一地数卖"涉及两层法律效力，一是建设用地使用权转让合同效力，根据我国法律规定，转让合同符合合同生效条件便为有效；二是建设用地使用权权属变更效力，即物权变动效力。我国物权变动采用登记生效主义，不动产物权的设立、变更、转让和消灭,未经登记,不发生效力。"一地数卖"并不影响转让合同的效力,但需解决在数份转让合同均为有效的前提下,谁可以最终获得土地使用权的问题。

如"一地数卖"中受让方已经办理了过户手续,则办理过户手续的受让方先行取得土地使用权。受让方均未办理过户的情况下,先行合法占有投资开发土地的受让方有权要求转让方进行变更登记。在受让方均未办理过户手续且均未合法占有土地的情况下,先行支付土地转让款的受让方优先受让土地。如转让合同均未履行的情况下,则以合同成立的优先次序决定土地使用权的取得。

因此,我们在受让土地使用权的过程中,不仅需要对土地使用权的权属情况进行调查,也需要前往现场实际查看土地占用情况,转让合同中应注意设置有利于自身的违约条款,在未能取得土地使用权的情况下有权要求转让方承担违约责任,以维护自身的权益。

四、关联法条

《中华人民共和国民法典》第二百零九条第一款、第三百五十三条、第三百五十四条、第三百五十五条、第五百零二条第一款、第五百八十四条;

《最高人民法院关于审理涉及国有土地使用权合同纠纷案件适用法律问题的解释》第九条。

三、宅基地使用权纠纷

农村宅基地买卖是否有效及如何应对

随着城镇化的发展,越来越多村民进城居住,他们中不少人产生了出售农村宅基地或房屋以获取相应财产利益的想法。相应地,也有越来越多城镇居民向往乡村生活,产生了在农村建造或购置农村房屋的想法。但是,无论是农村房屋的购买还是宅基地的购买,都涉及宅基地使用权的流转,而根据我国现行的法律法规和政策基本原则,宅基地使用权的取得仅限于本集体经济组织成员,实践中为此产生了不少纠纷,如何妥善处理此类纠纷,让闲置的宅基地和农村房屋物尽其用值得探讨。

一、案例简介

(一)基本案情

邹某与张某签订了楼基地转让协议书,约定张某将其名下一处拆迁补偿置换的楼基地(土地性质为集体所有制土地)转让给外村村民邹某,协议载明款项当面付清。之后该处楼基地一直闲置,邹某未在上面建设房屋。后因未能办理楼房建设手续,居委会将该楼基地收回,并向张某补偿安置房。邹某认为,其已受让了楼基地,因此,基于该楼基地补偿的安置房应归其所有。因与张某就安置房的归属问题协商不成,邹某遂起诉至法院,要求张某返还购买楼基地的款项,并赔偿其因此所遭受的损失。[1]

(二)法院裁决

法院认为,涉案楼基地所占土地性质系集体所有土地,且张某取得该楼基地系基于原宅基地及房屋重新规划、拆迁后的补偿利益,其性质等同于宅基地。张某将该楼基地转让给非本集体经济组织成员的邹某,违反了我国法律、行政法规的强制性规定,法院依法确认该转让协议无效,邹某不能取得涉案楼基地的使用权。因无效合同取得的财产应当予以返还,张某应向邹某返还全部购买楼基地款。

张某明知涉案楼基地依法不能转让给本集体经济组织以外成员仍进行转让;作为日常生活大宗交易,邹某在未确认土地性质的情况下即购买涉案楼基地,双方对于合同无效均有过错。张某在双方转让行为后历经十余载,涉案楼基地升值并存有巨大利益后,才以违反法律规定为由主张合同无效,虽然符合法律规定,但从道义、情感角度而言,属于典型的违反诚实信用原则。因此,法院判决张某以转让款为基数,按照中国人民银行同期贷款利率赔偿邹某损失。

二、以案说法

本案的争议焦点主要在于宅基地使用权转让行为是否有效?合同无效情况下责任应如何认定?

农村宅基地是农村村民用于建造住宅及其附属设施的集体建设用地,包括住房、附属用房和庭院等用地,不包括与宅基地相

---

[1] 详可参见(2015)岚民一初字第169号民事判决书,该案例为最高人民法院2015年度公布弘扬社会主义核心价值观典型案例之合同纠纷典型案例五。

连的农业生产性用地、农户超出宅基地范围占用的空闲地等土地。农村宅基地的所有权归本集体成员集体所有，而宅基地使用权是指宅基地使用权人依法对集体所有的土地享有占有和使用的权利，有权依法利用该土地建造住宅及其附属设施，属于用益物权。

根据我国现行的法律规定，宅基地使用权的取得需要符合一定的资格，必须是本集体经济组织成员。宅基地使用权的取得主要是本集体经济组织成员通过申请并获得批准的方式获得。本案中张某将楼基地的使用权转让给了本集体经济组织以外的成员邹某，邹某不具有我国法律规定的取得案涉楼基地资格，违反了我国法律、行政法规的强制性规定，应为无效。合同无效后，因该合同取得的财产，应当予以返还；不能返还或者没有必要返还的，应该折价补偿，有过错的一方应当赔偿对方因此所受到的损失，双方都有过错的，应当各自承担相应的责任。本案中，法院根据法律、行政法规的强制性规定认定楼基地转让协议的无效的同时，引入了诚信的原则，根据双方的过错在合理的限度内弥补受让人损失，平衡双方的利益。

三、专家建议

宅基地所有权属于农民集体，法律之所以限制宅基地使用权只能在本集体经济组织成员内流转核心是为了维护农村土地集体所有和保障农民基本居住权利，具有很强的社会保障功能。尽管宅基地所有权不属于宅基地使用权人，但是宅基地使用权人在宅基地之上建造的房屋所有权属于宅基地使用权人。目前，国家也在鼓励村集体和农民盘活利用闲置宅基地和闲置住宅，通过自主经营、合作经营、委托经营等方式，依法依规发展农家乐、民宿、乡村旅游。宅基地使用权人可在合法合规的框架内盘活利用闲置的宅基地和住宅。例如，宅基地使用权人可以将农村房屋对外进行租赁，租赁期限不超过二十年，合同到期后可再另行约定。

四、关联法条

《中华人民共和国民法典》第三百六十三条；

《中华人民共和国土地管理法》第九条第二款；

《最高人民法院第八次全国法院民事商事审判工作会议（民事部分）纪要》第十九条；

《国务院办公厅关于严格执行有关农村集体建设用地法律和政策的通知》第二条；

《国土资源部[①]关于加强农村宅基地管理的意见》第十三条；

《中央农村工作领导小组办公室　农业农村部关于进一步加强农村宅基地管理的通知》第五条。

---

① 现为自然资源部。

四、居住权纠纷

如何处理《民法典》实施前签订的居住协议

2021年1月1日,《中华人民共和国民法典》(以下简称《民法典》)实施,为了支持、保护民事主体对房屋居住的灵活安排,《民法典》首次确立了居住权。《民法典》第三百六十七条规定,设立居住权,当事人应当采用书面形式订立居住权合同。《民法典》第三百六十八条规定,设立居住权的,应当向登记机构申请居住权登记。居住权自登记时设立。由于《民法典》实施时间并不长,所以实践中大量出现"在《民法典》实施前签订居住协议,在《民法典》实施后请求确认居住权"的情形。如何处理《民法典》实施前所签订的居住协议;先前签订协议的,在《民法典》施行后对方是否有配合登记义务,这已成为现阶段居住权纠纷的典型问题。

一、案例简介

(一)基本案情

卢某碧与王甲系母子关系,王甲与刘某琴原系夫妻关系。2001年11月21日,王甲、刘某琴修建案涉房屋时,与卢某碧达成协议,协议载明:"一、由王甲、刘某琴修建新房,卢某碧要求住一间房、一个厕所，卢某碧自愿给王甲一万元；二、王甲收到钱后，此间房便由卢某碧住到过世为止。"同日，卢某碧向王甲、刘某琴支付了一万元，王甲、刘某琴向卢某碧出具收条，收条载明："今收到卢某碧人民币壹万元整。"房屋修建后，卢某碧一直居住在该房屋中至今。后来，王甲与刘某琴离婚，民事调解书载明：案涉房屋一套（权利人：王甲、刘某琴，建筑面积95.47平方米），由刘某琴占有该房屋89%的份额，由王甲占有该房屋11%的份额。卢某碧一直居住的房间及使用的厕所系配套，与该房屋其他部分可独立分开使用。刘某琴不同意进行居住权登记，故卢某碧诉至法院，请求确认居住权协议成立生效、卢某碧对涉案房屋享有居住权、卢某碧有权向登记机构申请居住权登记。[1]

（二）法院裁决

1. 一审判决

一审法院认为，卢某碧与王甲、刘某琴签订的关于居住房屋的协议系双方真实意思表示，不违反法律的强制性规定，卢某碧诉请确认该协议成立并生效，应当予以支持。但双方于2000年订立关于居住的协议，但至今未向登记机构登记，居住权并未设立。由于订立居住协议时没有登记制度，并且协议中并未约定登记义务，双方关于居住的协议在双方当事人之间是合同关系，是债权，而如果进行了居住权登记，则变更为物权，给王甲、刘某琴对其房屋享有的所有权增加了权利负担，因此，要求王甲、刘某琴进行居住权登记，增加了其法定义务，不予支持。遂判决确认关于居住部分房屋的协议成立并生效，但认定居住权未设立，原告也无权向登记机构申请居住权登记。

---

[1] 详可参见（2021）渝0117民初414号一审民事判决书，（2021）渝01民终3623号二审民事判决书。

2. 二审判决

二审法院认为，虽然案涉居住协议合法有效，但居住权自登记时设立，本案未经登记，则居住权未设立。因此，对于卢某碧提出的要求确认其享有居住权的请求，不应予以支持。设立居住权的当事人有义务向登记机构申请居住权登记，若房屋所有人在签订居住权合同后拒不履行登记义务，则居住权人有权向其行使履行请求权。案涉居住协议签订之时，就约定卢某碧自愿给付王甲一万元，卢某碧对一间房和一间厕所有权住到过世。卢某碧依据该协议居住案涉房屋直至过世即为双方当事人签订合同的合理预期。现卢某碧请求王甲、刘某琴配合办理居住权登记手续，并未明显减损王甲、刘某琴的合法权益或增加二人的法定义务，亦未背离当事人合理预期，因此应当支持卢某碧的该项诉讼请求。遂判决确认关于居住部分房屋的协议成立并生效，且王甲、刘某琴于本判决生效后十日内配合卢某碧到登记机构办理居住权登记。

二、以案说法

本案的争议焦点主要在于，在《民法典》颁布前已订立相关居住协议，施行后一方申请对方配合办理居住权登记相关事宜的，对方是否有配合登记义务？

在《民法典》规定居住权以前，居住权一般按照债权处理，效力及于合同相对人，一旦所有权发生变动，那么居住权人的权利则很难得到保障。2021年《民法典》实施后，居住权以法定形式被规定在"物权编"中，自此正式确立了其"对世权"的法律地位。但根据《民法典》的规定，居住权的设立以"书面合同或遗嘱"为第一前提，以"登记机构登记"为第二前提。在《民法典》实施以前，第一前提是广泛存在的，而第二前提是经《民法典》规定才出现的，因此实践中常常出现与"《民法典》实施前签订的居住协议"相关的居住权纠纷问题。

首先应当明确，签订居住协议并不当然意味着享有居住权。《民法典》第三百六十八条规定，"设立居住权的，应当向登记机构申请居住权登记。居住权自登记时设立"。也就是说，未经登记，居住权没有设立。本案中，卢某碧与王甲、刘某琴虽然于2001年11月21日签订了居住协议，但至今未向登记机构登记，居住权并未设立。因此两级法院均判决驳回了原告卢某碧要求确认对涉案房屋享有居住权的诉讼请求。

实际上，书面居住协议是"登记居住权"的前提要件，签订书面协议并登记的，居住权设立。根据《民法典》第三百六十七条规定，"设立居住权，当事人应当采用书面形式订立居住权合同。居住权合同一般包括下列条款：（一）当事人的姓名或者名称和住所；（二）住宅的位置；（三）居住的条件和要求；（四）居住权期限；（五）解决争议的方法。"本案中，卢某碧与王甲、刘某琴签订的关于居住房屋的协议包含了前述绝大部分内容，系双方真实意思表示，不违反法律的强制性规定，因此协议是真实有效的。问题在于，居住协议签订于2001年，卢某碧在《民法典》实施后，是否有权以此协议要求王甲、刘某琴配合其进行居住权登记。

根据《最高人民法院关于适用〈中华人民共和国民法典〉时间效力的若干规定》（法释〔2020〕15号）第三条的规定，《民法典》施行前的法律事实引起的民事纠纷案件，当时的法律、司法解释没有规定而《民法典》有规定的，可以适用《民法典》的规定，但是明显减损当事人合法权益、增加当事人法定义务或者背离当事人合理预期的除外。

本案一审法院认为，新出台的《民法典》中所规定的居住权登记实际上是将债权变更为物权，给王甲、刘某琴对其房屋享有的所有权增加了权利负担，增加了其法定义务，所以不予支持。而二审法院则认为，卢某碧依据该协议居住案涉房屋直至过世，这是双方当事人签订合同时的合理预期，所以办理居住权登记手续并未明显减损王甲、刘某琴的合法权益或增加二人的法定义务，因此应当支持卢某碧"要求二人配合登记"的诉讼请求。所以在本案中，虽然居住权尚未设立，但卢某碧有权要求二人配合登记居住权。

三、专家建议

向登记机关登记，是居住权作为物权设立的必要条件，也是债权向物权转变的必经之路。因此，即便在《民法典》出台之前签订过居住协议，但要想享有居住权，也必须完成居住权登记。基于居住协议所产生的权利仍然仅仅是债权，即请求对方配合登记的权利，而非物权性质的居住权。然而，在《民法典》出台之前签订居住协议，在《民法典》出台之后要求配合登记，并没有超出先前双方当事人的合理预期，因此可以得到法院支持。综上，如果居住协议签订于《民法典》实施之前，应当尽快完成居住权登记，以此实现居住权的物权转变。如果所有权人不配合登记的，可以通过起诉得到债权确认的生效判决，再凭判决进入强制执行程序，完成登记。

四、关联法条

《中华人民共和国民法典》第三百六十七条、第三百六十八条、第三百七十一条；

《最高人民法院关于适用〈中华人民共和国民法典〉时间效力的若干规定》（法释〔2020〕15号）第三条。

五、地役权纠纷

签订地役权合同应该注意哪些事项

生活中,常有为了自己使用土地的便利而需要别人土地的情形。比如甲乙两工厂相邻,甲工厂生意繁忙,人员和货物、车辆流动密集,需要开一个后门,但须借用乙工厂的道路通行,于是双方便签订了地役权合同,约定乙工厂允许甲工厂的人员和车辆在自己的土地上通行,但甲工厂需要交纳一定费用,此时,便涉及地役权的问题。

一、案例简介

(一)基本案情

原告段某某系龙口市芦头镇前店村村民,在本村有承包地一处。被告龙口市某公司原经营处所系租赁被告任某某之妻孟某某名下的厂房(现已不在此处营业),被告任某某系被告龙口市某公司的登记监事。2013年9月,因被告龙口市某公司改电线,需要占用原告段某某的部分承包地,经协商,原告段某某与被告任某某在于某(于某系龙口市芦头镇派出所工作人员)作为见证人的情况下签订占地合同一份,载明:"由于龙口市某公司改电线,占用了殷某某部分田地,经双方协商,每年给补偿费人民币400元。

殷某某(签字按手印)任某某(签字按手印)见证人:于某(签字)2013年9月14日"。合同签订后,被告任某某按约定于2013年、2014年分别给付原告殷某某补偿费用400元。此后被告任某某拒绝按约定继续给付相应款项,亦未停止占用原告殷某某的土地,原告遂将任某某和龙口市某公司诉至法院。被告任某某辩称其作为被告龙口市某公司的职工代表被告龙口市某公司与原告订立的补偿协议,被告任某某的行为是一种职务行为,其作为被告主体不适格,请求法院依法驳回原告对被告任某某的起诉。龙口市某公司未到庭参加诉讼,亦未在法定期限内提交书面答辩意见。二审审理中,上诉人任某某提供证人李某出庭作证,证实当时在被上诉人地下布设电缆,上诉人任某某称是给原审被告公司布设的,公司老总不在家,由上诉人任某某代表公司与被上诉人签订的补偿合同。上诉人还向本院提交了原审被告购买电缆发票复印件一份,证实在被上诉人地下布设电缆是原审被告布设的。[①]

(二)法院裁决

1. 一审判决

一审法院认为,地役权自地役权合同生效时设立。合同签订后,原告依约履行了相关义务,故享有每年获得相应补偿费的权利。被告任某某作为被告龙口市某公司的监事,并非法定代表人,无法律上代为签订合同的权利,其签订合同不属于职务行为,故其应当支付相应的补偿费。但是,原告殷某某与被告任某某签订《占地合同》上并未有被告龙口市某公司的公章及法定代表人签字,且2013年、2014年的补偿费也是由被告任某某给付给原告的,故原告殷某某要求被告龙口市某公司承担合同义务,无事实

---

① 详可参见(2017)鲁06民终4646号民事判决书。

与法律依据，法院不予支持。

2.二审判决

二审法院认为，双方签订的合同合法有效，二审中，上诉人虽提交了李某的证人证言及发票复印件一份，根据上诉人陈述证据无法认定上诉人在与被上诉人签订合同时已向被上诉人披露其是代表原审被告龙口市某公司与被上诉人签订的合同，且上诉人没有也没有以代理人的身份与被上诉人签订合同，故上诉人应当按照合同约定给付补偿款。

二、以案说法

本案的重点在于涉案的地役权补偿费用的支付义务主体是被告任某某还是被告龙口市某公司。

地役权，是指土地上的权利人（土地所有权人、土地使用权人）为了自己使用土地的方便或者土地利用价值的提高，通过约定而得以利用他人土地的一种用益物权。《中华人民共和国民法典》明确规定了设立地役权，当事人应当采用书面形式订立地役权合同。我国法律之所以规定地役权设立合同要采用书面形式，很大原因在于现实生活中，地役权法律关系相对复杂，采取书面形式可以有效避免当事人之间争议的发生，同时，地役权的设立采用登记对抗主义，办理地役权登记也应当要求设立地役权合同采用书面形式。本案中被告任某某明确与原告签订了书面合同，从合同内容来看，合同的签订主体是任某某和殷某某，并没有体现龙口市某公司，故难以认定龙口市某公司也是合同的主体之一。

虽然任某某主张其作为被告龙口市某公司的监事，其行为代表公司，但是依照我国法律规定，仅仅以监事的身份对外做出的行为不足以认定为公司行为，且被告任某某没有授权委托书表示其接受公司委托来签订地役权合同，故其行为难以认定为是职务行为。一般而言，在没有授权委托书的情况下，通常只有法定代表人的行为可以认定为是公司行为。故本案中，地役权合同的主体是原告殷某某和被告任某某，龙口市某公司无需承担地役权合同义务。

在签订地役权合同时，除了要核实、确认对方的身份以外，我们还应当需要注意一些其他事项，比如基于地役权的从属性，我们还应当确认供役地和需役地上的土地承包经营权、建设用地使用权等是否存在权利瑕疵，如果主权利的有效期是十年，但是地役权约定了二十年，那么超出十年部分的约定自然是无效的，可能会后续产生纠纷。除此之外，还需要明确地役权不得单独转让和抵押等等。

我国法律对地役权的设定和使用也做了一些限制，比如我国民法规定，土地所有权人享有地役权或者负担地役权的，设立土地承包经营权、宅基地使用权等用益物权时，该用益物权人继续享有或者负担已经设立的地役权。在签订地役权合同后，地役权人应当按照合同约定的利用目的和方法利用供役地，尽量减少对供役地权利人物权的限制。

三、专家建议

法律之所以确立地役权，是为了提高使用自己不动产的便利，既要考虑到公民生产生活的便利性，也要考虑到社会生活的秩序性和效率性。因此地役权的设立需要书面的方式，通常也是有偿的。当然有偿并不意味着地役权人的权利没有边界，地役权人应当本着尽量减少对供役地权利人物权的限制的原则行使权力。权利双方既应当信守承诺，按照约定履行义务，也应当从维护邻里关系的角度,减少对他人的干扰,增加对对方的包容,以妥善处理权利纠纷。

四、关联法条

《中华人民共和国民法典》第三百七十二条、第五百零九条。

六、准物权纠纷

海域使用权人被侵权该如何主张权利

海域与土地一样都是重要的自然资源,依法属于国家所有。《中华人民共和国民法典》(以下简称《民法典》)沿用了《中华人民共和国物权法》对海域使用权的设定,海域使用权为用益物权,依法取得的海域使用权受法律保护,即海域使用权的权利人享有对特定海域的占有、使用、收益等权能,并有权排除他人妨害其海域使用权的行为。因此,海域使用权人在权利受到侵害后,自然可以拿起法律武器维护自身合法权益。但具体该如何主张权利,才能实现自身利益最大化呢?

一、案例简介

(一)基本案情

2007年11月8日,原告广西钦州某能源有限公司(以下简称"能源公司")与钦州港经济开发区管理委员会签订了《钦州港某油气库项目投资合同书》,约定原告能源公司在钦州港投资建设油气库项目。2009年3月4日,广西壮族自治区人民政府向原告能源公司颁发了《海域使用权证书》,海域使用金缴纳方式为一次性,缴纳金额为318.24万元。2011年8月19日,广西壮族自治区住建厅对被告某钦州港口有限公司（以下简称"港口公司"）的建设项目的选址予以审核通过。次年，国家发展和改革委员会批复同意被告建设钦州港某煤炭码头工程，项目总投资约13.99亿元，交通运输部批复同意被告设计推荐的总平面布置方案。2013年1月10日，被告港口公司进入案涉海域建设煤炭码头，其中包含原告能源公司名下的海域。遂原告能源公司诉至法院，请求法院判令被告立即停止擅自在原告已取得海域使用权的工业用地上进行建设的侵权行为，恢复原状并交还给原告能源公司。①

（二）法院裁决

1. 一审判决

一审法院认为，港口公司未经能源公司的许可，在其已依法取得海域使用权的案涉海域上建设煤炭码头的行为侵害了能源公司享有的海域使用权，已构成侵权，应当承担侵权民事责任。但港口公司承担侵权责任的方式不宜为停止侵害、恢复原状、返还案涉海域，因为由此将给社会造成额外的巨大损失，但对于港口公司为此遭受的经济损失，港口公司可另案起诉。

2. 二审判决

二审法院认为，停止建设、恢复原状并返还海域的请求虽是物权保护的方式，但并不是唯一或不可替换的方式，综合国民经济与社会发展规划之考量，机械地执行只会造成社会物质的极大浪费及项目所涉海域的不可恢复性破坏，且能源公司明确表示不在该案中主张经济损失赔偿，遂判决驳回上诉，维持原判。

---

① 详可参见（2016）桂民终190号民事判决书。

二、以案说法

本案的争议焦点主要有两个：一是港口公司在案涉海域建设煤炭码头是否侵害能源公司依法取得的海域使用权？二是能源公司主张港口公司停止侵权、恢复原状并返还案涉海域的诉讼请求应否支持？

海域使用权是指单位或个人以法定方式取得的对国家所有的特定海域的排他性支配权利。海域使用权的主体为单位和个人，其客体为作为不动产的特定海域，其内容为特定海域基于特定目的而进行排他支配的权利。海域使用权最主要的权能即为排他使用。所谓排他使用，是指海域使用权人依法使用海域并获得收益的权利受法律保护，任何单位和个人不得侵犯，阻挠、妨害海域使用权人依法使用海域的，海域使用权人可以请求海洋行政主管部门排除妨害，也可以依法向人民法院提起诉讼，要求侵权人承担侵权民事责任。

《中华人民共和国民法典》规定的侵权责任承担方式包括停止侵害、排除妨碍、消除危险、赔偿损失等。换言之，海域使用权人在权利受到侵害后，可以向法院提出要求侵权人停止侵害、排除妨碍、赔偿损失等诉讼请求。本案中，港口公司在未取得能源公司同意的情况下，在案涉海域建设煤炭码头，显然侵害了能源公司合法的海域使用权，一审、二审法院也都作出港口公司构成侵权的认定，故能源公司在一审、二审中均提出要求港口公司停止建设、恢复原状并返还案涉海域的请求于法有据，理应得到法院的支持。

但需要注意的是，人民法院在环境资源审判中，除保障权利人合法权益外，还要兼顾维护生态环境的司法理念。本案中，案涉海域已经用于煤炭码头的工程建设,且无法分割,而投资约14亿元的煤炭码头主体工程已经建成。故能源公司主张停止项目建设,恢复原状并返还案涉海域,将势必发生巨大的投资损失,造成巨大的资源浪费,与当前社会所倡导的资源节约理念相冲突。鉴于此,在综合国民经济与社会发展规划之考量后,法院认定港口公司构成侵权,但并未支持能源公司要求停止侵害、恢复原状、返还案涉海域的诉讼请求。

三、专家建议

海域使用权区别于普通用益物权的关键就在于其关乎自然资源与生态环境的保护。人民法院在审理环境资源案件时,除保障权利人合法权益外,还要兼顾维护生态环境的司法理念。停止侵害、恢复原状虽是物权保护的方式,但并不是唯一或不可替换的方式,如果机械地执行会造成社会物质的极大浪费及案涉海域的不可恢复性破坏,不利于社会经济的发展和生态环境的保护,海域使用权人即使具有物上请求权,请求停止侵害、恢复原状的,法院也不一定会支持。因此权利人应当从维护自身合法权益最大化出发,适当变更请求为资金偿还实际投入且给予合理补偿等方式获得经济损失赔偿,以免诉累。

四、关联法条

《中华人民共和国民法典》第二百零九条、第二百三十八条、第三百二十四条、第三百二十八条;

《中华人民共和国海域使用管理法》第三十条。

探矿权的损失赔偿应当如何确定

探矿权和采矿权均属于矿业权,只是所属的阶段不同。然而在司法实践中,人们往往更加注重对采矿权的保护,却忽视了探矿权本身作为用益物权的一种,具有本身的价值,应当得到与其实际价值相符的保护与尊重。因此,当探矿权受到侵害时将矿产资源本身财产价值纳入考量范围来确定补偿金额对于权利人获得公平的法律救济尤为重要。

一、案例简介

(一)基本案情

2005年甲公司竞得周家沟煤矿勘查探矿权,并于2012年获得《矿产资源勘查许可证》。由于修建兰渝铁路需要压覆周家沟煤矿,2011年3月乙公司与甲公司签订《2011协议书》,甲公司同意兰渝铁路压覆其矿产资源,乙公司同意视对采矿影响程度按国家有关政策给予适当补偿。2013年5月经机构评估,兰渝铁路压覆的煤炭资源最终探矿权价值为3877.06万元,矿井受铁路压覆影响需增加投入及支出费用为6548.59万元。甲公司诉请乙公司支付矿业权价值(款)4259.49万元及相应的利息。①

一审审理期间,甲公司与乙公司和广元市重点办于2015年5

---

① 详可参见(2017)最高法民终493号民事判决书。

月签订《2015协议书》，内容包括压矿补偿资金来源、压矿补偿工作主体、压矿补偿范围及金额（最终补偿金额协商确定）、工作时间节点、违约责任。乙公司在《2015协议书》签订之后，按照约定已支付甲公司3000万元。2015年11月，三方又形成《备忘录》，主要内容：1.矿业权补偿金额确定为4295.49万元。2.关于后期开采影响补偿问题存在以下分歧。广元市重点办和乙公司认为补偿前提：一是甲公司取得周家沟煤矿的采矿权；二是后期开采影响补偿协商并确定金额；三是后期开采影响补偿款项分批支付。甲公司对后期开采影响补偿款6548.59万元支付设定的任何条件均不予接受。3.关于补偿资金利息问题存在分歧。甲公司认为乙公司基于《2011协议书》获得压覆资源的占有权利时，就产生承担支付对价的义务，且补偿没有依法履行"先赔后占"的法定义务。广元市重点办和乙公司意见为，一是甲公司与乙公司2011年3月所签订协议，仅为双方达成原则意见，不能作为实际补偿的依据和计算资金利息的依据；二是在尚未签订正式补偿协议并就补偿金额、支付方式和期限、违约责任等进行约定前，补偿人不应承担被补偿人所主张的资金利息。4.三方一致同意，最终补偿方案以四川省高级人民法院司法调解书予以确认。此后乙公司提出反诉，请求甲公司返还超额支付的补偿款2845.65万元。

一审庭审中，对于甲公司投入的勘察投资费用双方存在争议。乙公司以甲公司提交的《四川省广元市郑家沟井田周家沟煤矿煤炭资源详查报告》认为甲公司的勘察投资费980万元，包括取得探矿权的费用。甲公司认可该报告，但称其投资费用达4000万元。

（二）法院裁决

1. 一审判决

一审法院认为，依据《中华人民共和国矿产资源法》（以下简称《矿产资源法》）第三条第一款、第二十条以及国土资发〔2010〕第137号文件《国土资源部[①]关于进一步做好建设项目压覆重要矿产资源审批管理工作的通知》（以下简称137号文件）第四条之规定，甲公司享有探矿权，没有取得采矿权，不享有开采、利用并取得收益的权利，补偿压覆矿产资源依成本补偿原则进行，并非依资源价值进行补偿。根据《最高人民法院关于人民法院民事调解工作若干问题的规定》第十八条，《2015协议书》和《备忘录》均系本案审理期间当事人自行和解达成的协议，不能作为判决的依据。关于利息问题，由于补偿金额一直没有确定，双方当事人均有责任，对于甲公司主张利息请求不予支持。最终一审判决驳回甲公司的诉讼请求，并判决甲公司返还乙公司2845.65万元。

2. 二审判决

二审法院认为，探矿权作为一种用益物权，其具有自身的价值，不仅包括探矿权人占有、使用，还应包括对矿产资源的收益权。因此，对于探矿权的损害赔偿应基于该种用益物权的财产价值来确定，而不等同于权利人对该种用益物权的实际投入。137号文件强调的是相关行政管理部门的审批管理职责，不能直接作为处理民事主体之间民事权益纠纷的依据，且从该文件内容看，并没有排斥民事主体之间以签订协议的方式解决补偿问题。《2015协议书》和《备忘录》中达成一致的内容系各方当事人真实意思表示，属于依法成立的合同，一审法院对《最高人民法院关于人民

---

① 现为自然资源部。

法院民事调解工作若干问题的规定》第十八条适用错误，二审予以纠正。关于矿业权价值补偿款的利息问题，由于目前缺乏相应的补偿协议和方案，利息无法计算，故对甲公司主张的利息不予支持。

二、以案说法

本案的争议焦点是案涉项目压覆资源所涉矿业权价值应如何补偿？

探矿权，是指在依法取得的勘查许可证规定的范围内，勘查矿产资源的权利。取得勘查许可证的单位或者个人称为探矿权人。探矿权人有权在划定的勘查作业区内进行规定的勘查作业，有权优先取得勘查作业区内矿产资源的采矿权。从性质上来看，探矿权是用益物权，即权利人对用益物权的标的物享有占有、使用和收益的权利，这是所有权分离出来的权能，通过直接支配他人之物而占有、使用和收益。

关于案涉项目压覆资源所涉矿业权价值的补偿依据，首先需要明确探矿权属于用益物权，这意味着探矿权人不仅享有许可证范围内矿产资源的占有、使用权，还应当享有对矿产资源的物权的收益权。探矿是采矿的前提，本案中，由于被压覆的探矿权已经完成了划定矿区范围的审批工作，探矿权实现转采具有较大的确定性。因此，对于探矿权这种用益物权的损害赔偿责任，应当考虑到探矿权的财产价值，而不能简单地等同于权利人对该种用益物权的实际投入。一审认为探矿权仅是勘查权，不具有财产价值的观点，本质上忽视了探矿权的财产属性。

137号文件第四条的理解，除了从字面上去看，还应当从该条款在整个文件的位置以及文件本身颁布的目的考量，综合两个要素可以得知，该文件和条款主要目的指导政府部门的工作，规范政府工作部门审批流程，并不适合作为处理民事纠纷的依据。在处理压覆补偿标准这一问题时，还是应结合我国《矿产资源法》《民法典》等相关规定，根据矿业权的实际情况以及压覆影响范围等具体分析确定补偿内容。

关于补偿标准具体准应如何确定的问题，在不违反法律和公序良俗、不侵害国家和他人利益的情况下，双方的约定是有效的。各方虽然没有达成正式的补偿协议，但《备忘录》和《2015协议书》中的达成一致认可的内容，均为各方基于真实的意思表示，法院应当予以尊重和认可。如果各方对赔偿数额自始至终没有形成过任何统一标准，那么才应当考虑通过第三方评估报告等其他方式予以确定。直接忽视三方曾经达成的合意，既一定程度上有违诚实信用原则，也将造成赔偿认定难度加大，徒增诉累。在利息计算的问题上，由于乙公司并非违法压覆，且在补偿金额及支付方式未确定的情况下，计算利息缺乏相应的依据。故最终二审判决乙公司支付甲公司矿业权价值补偿款4295.49万元（先期垫付的3000万元不再返还，实际再支付1295.49万元）。

三、专家建议

司法实践中往往重视对采矿权的研究和保护，对探矿权的保护却容易忽略。最高人民法院的判决从探矿权为用益物权的属性出发，对探矿权自身的经济属性予以充分肯定。对探矿权压覆赔偿的价值确定应当综合考虑探矿权人的投入、预期可能取得的收益、探矿权的出让收益，因此，在主张压覆损失赔偿案件中，勘查程度高、有查明储量的探矿权可以主张未来开采利润损失。合理的价值补偿既符合公平公正的原则，也对形成探矿采矿良好生态具有重要意义。

四、关联法条

《中华人民共和国矿产资源法》第三条第一款、第二十条;

《国土资源部关于进一步做好建设项目压覆重要矿产资源审批管理工作的通知》第四条第三款;

《最高人民法院关于人民法院民事调解工作若干问题的规定》第十八条。

从事水域、滩涂养殖生产须登记

我国是渔业大国,更是水产养殖大国。水域滩涂养殖发证制度的推行,对于促进水产养殖业稳步发展、保障国家粮食安全有着重要意义。养殖权作为用益物权的一种,是指法人、个人或者其他组织依法在国家或者集体所有的水域、滩涂从事养殖生产的排他性权利。养殖权证作为养殖权的一种物权载体,是养殖生产者使用特定养殖水域、滩涂从事养殖生产的法律凭证。从事水域、滩涂养殖生产,应依法进行登记。

一、案例简介

(一)基本案情

案涉鱼池位于 A 市 B 村,最初经营权人为黄某甲。1993 年 3 月 1 日,黄某乙之父黄某丙和黄某甲签订了一份《合同书》,约定:1.黄某甲将 40 亩鱼池出卖给黄某丙,价格为 17800 元整;2.黄某丙当时付现款 12000 元整,下欠款项到 1993 年 8 月底付清。如不付清,从 9 月 1 日起按银行贷款利率付息……合同签订后,黄某丙支付了 12000 元,下欠 5800 元未付。黄某甲将 40 亩鱼池交付给了黄某丙。张某某系黄某乙舅舅。1993 年 5 月黄某丙去世后,该 40 亩鱼池即由张某某家使用,用于养殖。1995 年,张某某将该 40 亩鱼池中的 20 亩转让给了他人,所得价款均归张某某所有,张某某向黄某甲偿还了黄某丙所欠鱼池尾款 5800 元。张某某在剩余的 20 亩鱼池（即案涉鱼池）上养殖经营至 2007 年底。2008 年至 2011 年底，该鱼池由黄某乙母亲养殖、经营。2012 年 1 月 1 日起至今，该鱼池又由张某某经营使用。此 20 亩鱼池在 A 市 B 村村委会登记的承包经营权人为黄某乙。现黄某乙及家人要求张某某返还鱼池，为此双方数次发生纠纷。①

（二）法院裁决

1. 一审判决

国有或集体所有鱼池的养殖经营权需经行政许可和登记。案涉鱼池已有使用权利人登记，登记的使用权人为黄某乙，则黄某乙是案涉鱼池合法的养殖经营权人，享有在该鱼池上进行养殖的排他性权利。张某某并非该鱼池的合法使用权人，其在该鱼池上养殖经营，侵犯了黄某乙合法的养殖权。黄某乙要求张某某返还案涉鱼池的诉求合法有据，予以支持。

2. 二审判决

张某某提交的证据及本案查明的事实，不能证明其与被上诉人之父黄某丙合伙经营案涉鱼池，也不能证明鱼池经营权曾登记在其名下。张某某亦没有提交证据证明其曾于 2004 年至 2007 年将鱼池以自己的名义对外租赁，退而言之，即便如此也不能证明其享有鱼池合法的经营权。故张某某的上诉理由没有事实根据和法律依据，本院不予支持。一审法院查明事实清楚，适用法律正确。遂判决驳回上诉，维持原判。

二、以案说法

本案的争议焦点在于养殖权人的确认。国有或集体所有鱼池

---

① 详可参见（2021）鄂 09 民终 221 号民事判决书。

的养殖经营权需经行政许可、登记，对于养殖权人的确认，自然以登记为准。根据《中华人民共和国渔业法》（以下简称《渔业法》）第十一条的规定，水域、滩涂的养殖权包括两部分：一是依法申请取得的使用国家所有的水域、滩涂从事养殖的权利；二是承包集体所有或者国家所有由农业集体经济组织使用的水域、滩涂从事养殖的权利。前者属于特许用益物权，使用者应当向县级以上地方人民政府渔业行政主管部门提出申请并获得批准后，由同级人民政府核发养殖证许可其使用水域、滩涂从事养殖生产；后者属于承包经营权，承包合同生效后，由发包方或承包方将承包合同等材料报县级人民政府渔业行政主管部门审核通过后，由同级人民政府核发养殖证，确认养殖权①。无论是哪种情形，养殖权的确认均需履行相应的程序。对于养殖权人，除不享有处分权能外，养殖权人享有对所涉水域、滩涂养殖资源的占有、使用和收益权能。当养殖权受到侵害或受有损害时，养殖权人有权获得物权保护，要求侵权对象承担相应的赔偿责任。

　　本案中，张某某认为其本人享有该鱼池的经营权，却缺乏事实和法律依据。虽然张某某曾代为偿还了黄某丙的债务，亦曾对黄某丙一家进行了资助，但这属于另一层法律关系，并不必然导致鱼池养殖权属的变更。张某某既没有与黄某乙就案涉鱼池养殖权的流转达成协议，亦未曾以分包、租赁、入股等方式参与该案涉鱼池的经营，更未经村委会、行政机关登记、确权。张某某之所以能够在该鱼池上经营，系基于黄某乙家庭的许可，此许可的意思表示并不是对其所享有的案涉鱼池养殖经营权的处分，张某

---

① 参见中华人民共和国农业农村部渔业渔政管理局：《水域滩涂养殖发证登记办法》是稳定渔民水域滩涂养殖使用权的一项重要制度，http://www.yyj.moa.gov.cn/scyz/201904/t20190428_6244115.htm。

某从未取得该案涉鱼池养殖经营权。现黄某乙家庭不再许可张某某在此鱼池经营,张某某作为该鱼池的非法使用权人,仍在该鱼池上养殖经营,侵犯了黄某乙合法的养殖权。因此,法院支持了黄某乙的主张,判决张某某返还案涉鱼池。至于张某某代为偿还债务以及在案涉鱼池上的投入、建设等涉及的费用支出,与养殖权属的定性无关,张某某可另案主张。

三、专家建议

作为历史上最早开展淡水养殖的国家之一,我国高度重视水产养殖业的发展。水域、滩涂是水产养殖业的基本生产资料,推进水域滩涂养殖发证登记,是渔业领域落实党的"三农"政策和坚持农业农村优先发展的具体体现,关系着农村社会和谐稳定,有利于养殖权人保护自身合法权益不受非法侵害。因此,水产养殖经营的权利人应当增强法律意识,积极遵守水域滩涂养殖发证登记制度,主动申请发证登记;当养殖权人姓名或名称、住所等事项发生变化的,应及时持原养殖证及相关证明材料,向原发证登记机关申请变更。

四、关联法条

《中华人民共和国民法典》第三百二十四条、第三百二十九条、第四百六十二条;

《中华人民共和国渔业法》第十一条;

《水域滩涂养殖发证登记办法》第五条、第十五条。

依法享有的捕捞权受损如何主张赔偿

捕捞权具有用益物权的属性，对于捕捞权人，除不享有对用益物处分权能外，捕捞权人具有对所涉水域、滩涂捕捞资源的占有、使用和收益权能。当捕捞权受到侵害或受有损害时，捕捞权人有权获得物权保护，要求侵权对象承担相应的赔偿责任。

一、案例简介

（一）基本案情

G镇在M市Y镇苗圃水库坝下至入江口河段称为南河，2009年以前有四条船在该河段捕鱼。2009年7月15日为控制捕捞强度和便于管理，M市水利局为张某某发放了渔业捕捞许可证，许可张某某在Y镇老桥至新桥及南河作业场所内使用挂网、围网，规定其使用四条船，每条船两人共八个人捕捞自然成鱼，作业时限为2009年12月至2014年12月。后M市水利局将上述渔业捕捞许可证的作业时限续延至2017年12月。张某某持渔业捕捞许可证组织刘某、韩某等7人在南河捕捞作业。

2014年1月，某省高等级公路建设局与某建设公司签订施工合同，约定由某建设公司修建A段至B段高速公路建设项目的路基、路面、桥梁、隧道工程，工期自2014年4月1日至2016年12月31日。某建设公司将上述工程交由某路桥公司施工。2014年5月某路桥公司设立的标段项目部为保证G镇大桥的顺利施工，经××高速公路建设项目某段驻地监理工程师办公室同意拟定在G镇大桥左侧预埋两层，上层2排、下层3排、每排8米、直径2米圆管涵做栈桥便道，但在施工中标段项目部没有按照报审的施工设计修建栈桥便道，而是在报审的地点（南河入江口附近）将土石填入南河河道，在河道内堆积的土石上铺设一层4排、直径1.5米管涵修建了便道。管涵内水很浅，下游的鱼类无法洄游到南河，南河的渔业资源受到严重影响。因无鱼可捕，2014年、2015年张某某、刘某、韩某等8人无法在南河进行捕捞作业，故向法院提起诉讼，要求某路桥公司赔偿2014年、2015年两年捕捞损失[1]。

（二）法院裁决

1. 一审判决

水利局为张某某发放了渔业捕捞许可证，张某某依法取得了该捕捞许可证项下作业场所、作业时限内进行捕捞作业的权利。虽然××高速公路A段至B段的工程是国家批准的项目，但是修建G镇大桥时并没有征用涉案河道，标段项目部为保证G镇大桥顺利施工而修建的管涵栈桥便道并没有按照报审的设计方案施工，而是将土石填入南河河道，在河道内堆积的土石上铺设一层4排、直径1.5米管涵修建了便道，由于管涵内水很浅，下游的鱼类无法洄游到南河，南河的渔业资源受到了严重影响，致使2014年、2015年张某某、刘某、韩某等8人无法在南河进行捕捞作业，标段项目部存在过错，侵害了张某某、刘某、韩某等8人在南河依法享有的捕捞权。根据《中华人民共和国侵权责任法》[2]第六条关

---

[1] 详可参见（2018）吉24民终1414号民事判决书。
[2] 《中华人民共和国侵权责任法》已被《中华人民共和国民法典》（2020年5月28日发布；2021年1月1日实施）废止。

于"行为人因过错侵害他人民事权益,应当承担侵权责任"的规定,侵权人标段项目部应当承担侵权责任。因标段项目部不是独立法人,应由设立该项目部具有独立法人资格的某路桥公司承担赔偿责任。本案鉴于损害事实存在,张某某、刘某、韩某等8人的损失数额无法确定,可以按工资收入,适当确定侵权人应当承担的赔偿数额。张某某、刘某、韩某等8人的部分诉讼请求于法有据,本院予以支持。

2. 二审判决

捕捞权纠纷是指因捕捞权的取得、使用、收益、转让、侵权等引发的民事纠纷,本案的案由应定为捕捞权纠纷,一审判决定为财产损害纠纷不当,本院予以纠正。本案中,张某某等8人依法取得了涉案河道内进行捕捞作业的权利,而标段项目部没有按照报审的设计方案施工,导致下游的鱼类无法洄游到南河,侵犯张某某等8人捕捞权的事实明确。一审判决按照某省渔业职工月平均工资确定损失数额并无不当,本院予以维持。遂判决驳回上诉,维持原判。

二、以案说法

本案争议焦点明晰,张某某依法取得了捕捞许可证,与刘某、韩某等7人一同在涉案河道内进行捕捞作业,获得相应的收益;标段项目部的施工,导致下游的鱼类无法洄游到南河,侵犯了张某某、刘某、韩某等8人的捕捞权。该施工项目并没有按照事先报审的设计方案施工,标段项目部存在着明显的过错,应当对此承担责任。当捕捞权人的捕捞权受到侵害或受有损害时,有权获得相应的救济。本案中张某某等人的捕捞权受到侵害,系因标段项目部的过错导致,该项目部应进行相应的赔偿。由于标段项目部并非独立的法人主体,不具有承担民事责任的能力,故应由设立该项目部具有独立法人资格的某路桥公司承担赔偿责任。一、二审法院的判决结果,有效地实现了对渔民合法权益的保护。

捕捞权作为用益物权的一种,依法应当受到保护。《中华人民共和国民法典》明确规定,依法取得的探矿权、采矿权、取水权和使用水域、滩涂从事养殖、捕捞的权利受法律保护。而对于捕捞权权属的确认,《中华人民共和国渔业法》规定,国家对捕捞业实行捕捞许可证制度。从事捕捞作业的单位和个人,必须按照捕捞许可证关于作业类型、场所、时限、渔具数量和捕捞限额的规定进行作业,并遵守国家有关保护渔业资源的规定,大中型渔船应当填写渔捞日志。捕捞权的获得须经行政许可,渔业生产者须经依法审批、取得许可后才能从事捕捞作业;且捕捞许可证不得买卖、出租和以其他形式转让,不得涂改、伪造、变造。作为财产性权益的一种,捕捞权可以依照法律规定设立、变更、转让和消灭,依法占有、使用和取得收益,并受法律保护。当依法享有的捕捞权受损时,捕捞权人有权要求相应的救济,按照救济主体的不同,可分为两种,一是行政救济,如被征用后的行政补偿;二是民事救济,如侵权后要求恢复原样、赔偿损失等。

三、专家建议

作为渔业生产者,应当增强法律意识,加强对自身权益的维护意识。《中华人民共和国渔业法》明确规定国家对捕捞业实行捕捞许可证制度,从法律层面确定了捕捞权的获得应经行政许可。对捕捞许可证制度的实施,不仅是对国家水产、渔业资源的保护,同时也是对于渔民享有权利的确认和登记,以更好地维护渔民的合法权益。所以,渔业生产者应当依法办理捕捞许可证,按照规定从事渔业生产，维护国家自然资源的可再生、可持续发展。当自身的权益受到侵害时，渔业生产者应勇敢拿起法律武器，维护自身合法权益。

四、关联法条

《中华人民共和国民法典》第一百二十条、第三百二十九条；《中华人民共和国渔业法》第二十三条、第二十五条。

第三篇 担保物权纠纷化解

一、抵押权纠纷

公证不真实事项造成侵权谁来担责

公证是根据法定程序和证据,对公民或法人所做的行为或事实进行确认,并予以证明的行为。公证证书具有法定效力,可以作为有效证据使用。为了保障交易和其他活动的权威性及安全性,当事人往往会选择公证机构进行公证。然而需要注意的是,经过公证机构公证的事项并非具有绝对的权威,公证机构如未尽到合理审查、谨慎审核的义务,如为不真实的事项出具了公证书,不仅会影响公证结果,公证机构还需承担相应的责任,其他的参与人也会承担相应的侵权责任。

一、案例简介

(一)基本案情

2012年8月30日,某公证处作出(2012)京国泰内民证字第1130号公证书,证明张某霞、张某松于当日来到公证机关,在《委托书》上签名,《委托书》内容为双方委托袁某代办案涉房屋的如下手续:1.签署买卖合同(包括网上签约和撤销网上签约),办理过户手续,协助买方以买方名义办理贷款手续;2.代为《售房人银行开户情况说明》及划款协议签字,代收相关房款;3.办理银行贷款手续，签署借款合同和抵押合同；4.代办与出售此房产相关的税务手续；5.办理与上述事项相关的其他事宜。受托人在授权范围内所作的所有合法事宜，由二委托人承担相应的法律责任。委托期限：自 2012 年 8 月 28 日起至 2013 年 8 月 27 日止。某公证处核对了证件后办理了公证。2012 年 8 月 29 日，第三人袁某代原告张某霞、张某松与被告张某宁签订《存量房屋买卖合同》，将案涉房屋出卖给被告张某宁。2012 年 9 月 3 日，被告张某宁取得房屋所有权证书。被告张某宁取得案涉房屋所有权后，先后向案外人借款若干并以案涉房屋进行抵押，并办理了合同相关的公证手续。2012 年 9 月 13 日，被告某龙中心向张某宁出具了一张还款条，载明"今收到张某宁还款 750000 元整"。张某宁称，上述款项系给付某龙中心办理相关手续的费用。2013 年 2 月 27 日，原告张某霞、张某松向被告某公证处提出申请，某公证处遂撤销（2012）京国泰内民证字第 1130 号公证书。原告张某霞、张某松诉至法院，称涉案证件系其子被告张某宁从家里偷拿的，公证员见到办理委托公证的申请人系某龙中心找人假冒的张某霞、张某松，其本人对办理公证委托事宜并不知情。要求三被告连带赔偿原告为解除抵押而向抵押权人支出的费用 1976014 元；连带赔偿原告因追回房屋所有权、解除抵押、供暖费、追讨被骗款项支出的各项费用及诉讼费共计 111075 元。[①]

（二）法院裁决

1. 一审判决

一审法院经审理查明了主要事实，认定被告张某宁具有主观上的故意和重大过错，应承担侵权赔偿责任；被告某龙中心与被

[①] 详可参见（2019）京 01 民终 6234 号判决书。

告张某宁恶意通谋，对原告的财产损失后果具有过错，应承担连带侵权赔偿责任，双方赔偿原告共计2038604.8元。被告某公证处在办理公证过程中存在重大过失，应当承担与其过错程度相应的侵权责任，酌情确定为40%的补充赔偿责任。

2.二审判决

某公证处不服一审判决提起上诉，请求改判某公证处不承担任何赔偿责任。二审法院认为，公证机构的公证行为是致使该种损害发生的不可少的原因力，且具有相当性，故公证行为与损害后果之间具有因果关系，一审判决及比例并无不当，故驳回上诉，维持原判。

二、以案说法

本案的争议焦点有二：一为侵权责任应该由谁来承担；二为侵权赔偿范围如何确定。

（一）侵权责任人的确定

《中华人民共和国民法典》侵权责任编明确，行为人因过错侵害他人民事权益造成损害的，应当承担侵权责任。在本案中，原告之子张某宁明知其父母没有授权其办理房屋买卖等涉案相关事项，偷取证件，采用不当方式将涉案房屋过户登记到自己名下，并抵押房屋以获取多份借款，致使该房屋无法恢复登记，为原告造成经济损失，具有主观上的故意及重大过错，其侵权行为与原告的损失之间具有因果关系，应当承担侵权赔偿责任。

现有证据查明，被告某龙中心参与了办理公证委托手续，与被告张某宁恶意通谋，具有假冒原告身份以完成不真实事项公证的故意，对原告的财产损失具有过错和因果关系，应承担连带侵权赔偿责任。

依据《中华人民共和国公证法》的规定，公证处应尽到审查和核实的义务，如未尽到，则应承担与其过错相适应的补充赔偿责任，本案中，公证机构在到场人和所持证件照片相差过大、跨区申请公证的情况下依然办理了公证，存在过错，又因其与被告张某宁、某龙中心不构成无意思联络的共同侵权，故承担补充责任。

（二）原告的损失认定

由于侵权行为造成的损失，受害人有权请求侵权人承担。本案中依据法院查明的事实可知，二原告主张的损失主要集中在解除房产抵押的费用支付、维权的诉讼费用和律师费用、因房屋产权变更导致的供暖费用支出，以上损失与侵权行为有直接因果关系，故属于此侵权行为造成的经济损失，计 2038604.8 元。

三、专家建议

大家对于重要的不动产文件和个人证件要妥善保管，家人之间要增进关心，加强沟通和交流，关注家庭成员的状态，切勿隐瞒家庭成员，私下擅自处分家庭中的重大财物、不动产，以免造不必要的经济损失。同时，发生纠纷后应注意及时保存侵权及造成经济损失的相关证据材料，寻求律师等专业人士的建议，合理行权，充分保护自身的财产权益。同时，公证机构在进行公证时应尽到谨慎审查的义务，避免纠纷的发生。

四、关联法条

《中华人民共和国公证法》第六条、第二十五条、第四十

三条;

《最高人民法院关于审理涉及公证活动相关民事案件的若干规定》第一条、第四条、第五条;

《中华人民共和国民法典》第一千一百六十五条、第一千一百六十八条。

购置了被开发商抵押的房屋怎么办

房地产开发过程中,开发商利用项目进行融资的情况并不鲜见,其中在建工程因其独有的交换价值和重要的变现可能性,以在建工程抵押的融资模式就是一种常见的方式。那么在建建筑物抵押未解除的情况下,如果抵押范围的房屋被开发商对外销售,则会面临抵押权和房屋买受人权利相互冲突的情况。这种情况下,房屋买受人的正当权利能否得到实现呢?笔者试图通过引入案例及裁判观点,阐述现行实务规则的选择和应用,以期为读者提供有益参考。

一、案例简介

(一)基本案情

2018年8月6日,谭某某与东方某公司签订《长沙市商品房买卖合同》,约定谭某某购买东方某公司开发建设的长沙市芙蓉区远大二路679号东业上城嘉苑第×栋×层××号商品房住宅;该商品房已设定在建建筑物抵押,抵押权人为某信托公司,抵押权登记日期为2018年1月4日,东方某公司保证该商品房销售已经抵押权人同意,且申请办理预告登记时抵押权人向登记机关申请办理预购部分在建建筑物抵押权注销登记。合同签订后,买受人谭某某在合同约定期限届满前全额缴纳了购房款,东方某公司于2019年1月8日向谭某某交付了案涉商品房,但东方某公司、某信托公司未按合同约定注销案涉商品房的在建建筑物抵押权登记,东方某公司也未按约定自合同签订之日起90个工作日内(即2018年12月13日前)向长沙市房屋登记机构办理案涉商品房的商品房买卖合同备案和预告登记,且没有在商品房交付后365个工作日内完成该栋商品房的初始登记及初始登记后175个工作日内为谭某某办妥案涉商品房的不动产所有权证。故谭某某就此诉至法院维权。[①]

(二)法院裁决

1. 一审判决

一审法院认为,谭某某与东方某公司于2018年8月6日签订的《长沙市商品房买卖合同》系双方真实意思表示,不违反法律、行政法规的强制性规定,依法成立,合法有效,双方均应依约履行合同义务。遂判决东方某公司和某信托公司注销案涉商品房的在建建筑物抵押权登记,判决东方某公司在长沙市不动产登记机关办理完成其与谭某某于2018年8月6日签订的《长沙市商品房买卖合同》的备案和案涉房屋的商品房预告登记及其权属登记在谭某某名下的不动产所有权证。

2. 终审判决

二审法院认为,谭某某作为房屋买受人,在购房时已尽相关注意义务,应当认定其已基于东方某公司和某信托公司的行为而产生合理的信赖利益,在此种情况下对房屋不能办理过户登记并非其自身原因,其有权依照合同约定要求东方某公司、某信托公司对案涉商品房设定的在建建筑物抵押权办理注销登记。故一审判决认定事实清楚,适用法律正确,应予维持。

---

① 详可参见(2021)湘01民终10788号民事判决书。

二、以案说法

本案的争议焦点主要有两个：一是东方某公司未能按约为买受人谭某某办理商品房买卖合同备案、预告登记和不动产所有权证是否构成违约；二是买受人谭某某要求某信托公司注销案涉商品房设定的在建建筑物抵押权登记是否有事实依据和法律依据。

（一）东方某公司违约的认定

本案中，谭某某与东方某公司签订《长沙市商品房买卖合同》后，谭某某依约履行了支付购房价款的付款义务，东方某公司却未按照合同约定在自合同签订之日起 90 工作日内（即 2018 年 12 月 13 日前）向长沙市房屋登记机构办理买卖合同备案和预告登记，也没有在商品房交付后 365 个工作日内完成该栋商品房的初始登记及初始登记后 175 个工作日内为谭某某办妥案涉商品房的不动产所有权证，因此东方某公司的行为构成违约。根据《中华人民共和国民法典》第五百七十七条规定，当事人一方不履行合同义务或者履行合同义务不符合约定的，应当承担继续履行、采取补救措施或者赔偿损失等违约责任，故东方某公司应当对谭某某承担违约责任。谭某某诉请东方某公司办理案涉商品房买卖合同备案、案涉商品房预告登记和不动产所有权证，符合合同约定和法律规定，一审法院、二审法院对此均持肯定的观点并在判决书中予以认定。

（二）买受人要求注销案涉房屋设定的在建建筑物抵押权登记的依据

结合本案不难看出，虽案涉商品房已设定在建建筑物抵押，但从案涉商品房已取得行政主管机关的预售许可且商品房买卖合同约定案涉商品房进行预售已经取得抵押权人某信托公司的同意，由此可知抵押人东方某公司与抵押权人某信托公司就可转让抵财产一事已达成一致意见，依据该事实可以认定本案中某信托公司作为抵押权人已经知悉并同意抵押人转让抵押财产，故其抵押权的效力仅及于案涉商品房转让后的价款，鉴于此，应视为抵押权人已放弃案涉商品房的在建建筑物抵押权，其应当负有注销案涉商品房抵押权的义务。至于东方某公司如未能全部清偿某信托公司的债务系东方某公司的违约行为，亦是某信托公司应承担的合同风险，谭某某作为房屋买受人，在购房时已尽相关注意义务，应当认定其已基于东方某公司的行为而产生合理的信赖利益，在此种情况下对房屋不能办理过户登记并非买受人自身原因，其有权依照合同约定要求东方某公司、某信托公司对案涉商品房设定的在建建筑物抵押权办理注销登记。

三、专家建议

房子与每一个家庭都息息相关，甚至掏空几代人的血汗钱才能买上一套住房，故买房是人生大事，也关系到民生大计。在可能的情况下，应多咨询专业人士的意见并向房管局等住房管理部门寻求帮助，尽可能地买到一套无抵押能顺利办理不动产所有权证的住房。如不慎发生了商品房买卖合同纠纷，也要理性维权，及时保留证据，寻求律师等法律专家的意见，向法院或者仲裁委员会提起司法救助程序，以维护自身的合法权益。

四、关联法条

《中华人民共和国民法典》第三百九十四条、第四百零一条、第四百零六条、第四百零八条、第四百零九条、第四百一十条、第四百一十二条、第四百一十四条、第五百七十七条、第五百八十条。

以矿业权做抵押怎样才能产生法律效力

由于商事活动所涉资金额较大,公司之间往往会存在一些借贷和抵押以进行融资。有的用不动产进行抵押,也有的以其他财产权利进行抵押。如果成功,企业能够借贷到一笔大额资金渡过难关,产生利润,出借方也会得到相应的回报,可谓皆大欢喜。但如果抵押未依照法律规定进行设立,则抵押权并不能产生法律效力,也即抵押权在法律上并未成立,由此出借方不仅不能收获回报,还有可能"有理说不清"。

一、案例简介

(一)基本案情

2017年1月3日,被告某坤投资公司因收购金矿向原告于某杰借款人民币500万元,双方签订了借条,约定借款利率按月息5%,借款时间一年,到时本息一次性付清,后于2017年1月10日签订借款协议,再次明确以上内容。一审法院于2018年1月31日保全查封了某坤公司名下所有的海南省某县金矿探矿权。2020年8月17日一审法院委托陕西某矿业权资产评估有限公司进行评估,评估价格为1431.08万元。一审法院于2021年6月17日在淘宝网公开拍卖该探矿权,2022年5月13日,某润公司作为案外人向一审法院提出书面异议,称其对涉案矿产享有抵押权,要求中止对某坤公司《探矿许可证》(号码:××)矿业权的拍卖,解除查封，依法裁决某坤公司《探矿许可证》（证号：××）矿业权归某润公司所有，后向法院提起上诉，请求一审法院撤销判决，依法判决被执行人某坤公司所有的××号探矿权不予执行或确认某润公司对上述拍卖价款享有优先受偿权。①

（二）法院裁决

1. 一审判决

一审法院认为，借款事实清楚，证据确凿，由于借条和借款协议有时间差异，故应以时间在后的借款协议即2017年1月10日作为借款时间。判决被告某坤投资公司于本判决生效后10日内偿还原告于某杰借款本金500万元，并负担自2017年1月20日起至本判决确定的付款之日按年息24%计算的利息。如果被告某坤投资公司未按本判决指定的期间履行给付金钱义务，则应依法加倍支付迟延履行期间的债务利息。

2. 二审判决

二审法院认为，涉案矿产探矿权一直登记在某坤公司名下，某润公司未取得登记抵押权，也并未取得足以排除强制执行的民事权益，未支持其提出的案外人执行异议并无不当，其上诉请求不能成立，予以驳回，一审法院判决认定事实清楚，使用法律正确，予以维持。

二、以案说法

本案的争议焦点主要有二：一是某润公司对案涉探矿权是否享有抵押权及优先受偿权；二是本案所涉的探矿权是否能够作为标的进行执行。

---

① 详可参见（2023）鲁06民终3836号民事判决书。

（一）抵押权的设立

要厘清这个问题，首先要明确抵押权的设立条件，即抵押权是否成立，此乃某润公司对涉案探矿权是否享有优先受偿权的先决条件。抵押是指为担保债务的履行，债务人或者第三人不转移财产的占有，将该财产抵押给债权人，债务人不履行到期债务或者发生当事人约定的实现抵押权的情形，债权人有权就该财产优先受偿。依《中华人民共和国民法典》之规定，除法律另有规定的外，不动产抵押权的设立依登记。矿产资源作为土地附着物，探矿权、采矿权抵押应遵循登记生效主义原则。目前，矿业权抵押法律尚无明确规定的登记部门，但依《矿业权出让转让管理暂行规定》，矿业权设定抵押时，矿业权人应持抵押合同和矿业权许可证到原发证机关办理备案手续。故在此情形下，国土资源主管部门依据部门规章或者地方性法规办理的矿业权抵押备案，可视为矿业权抵押登记，矿业权抵押权自登记或者备案时设立。而本案中，某润公司虽声称自己为抵押权人，但本案争议的探矿权自2017年9月2日开始一直登记在某坤公司名下，某润公司并未办理所谓的探矿权抵押登记手续，故其抵押权不成立，也无权主张优先受偿。

（二）能否将探矿权作为标的进行执行

由于案件争议的探矿权依法登记于执行人某坤公司名下，某润公司没有依法办理抵押的相关登记备案手续，故某润公司主张其为案涉探矿权的抵押权人没有事实及法律依据，依《最高人民法院关于人民法院民事执行中拍卖、变卖财产的规定》，在执行程序中，被执行人的财产被查封、扣押、冻结后，人民法院应当及时进行拍卖、变卖或者采取其他执行措施，故案涉探矿权能够作为执行标的进行执行。

三、专家建议

抵押设立的初衷是为了保障债权的实现,在自然人与公司合作中,由于案涉标的往往较大,抵押权的设立更为多样化,如以不动产、建筑物和其他土地附着物等设立抵押,尽管当事人双方约定时可以签署协议,但法律对于抵押权的设立有着明确的规定,即不动产应登记,国土资源主管部门依据部门规章或者地方性法规办理的矿业权抵押备案,可视为矿业权抵押登记,矿业权抵押权自登记或者备案时设立。当事人应在遵照法律规定的基础上辅以协议进行说明和约定,使得抵押权的设立能够在法律上产生效力,避免产生纠纷时自己的权益无法得到保障。

四、关联法条

《最高人民法院关于人民法院民事执行中拍卖、变卖财产的规定》第一条;

《矿业权出让转让管理暂行规定》第五十七条;

《最高人民法院关于人民法院办理执行异议和复议案件若干问题的规定》第二十五条第一款、第五款。

抵押权人有权就抵押的采矿权变卖款优先受偿

在现代社会经济活动中,矿产资源的开采和利用已经成为重要的商事活动,也是很多城市的重要产业之一。采矿权相关的法律问题应运而生,采矿权作为一种无形资产,采矿权抵押是一种特殊的担保方式,不仅涉及财产权利的流转,更涉及矿产资源管理和矿业权的作价评估、资质的审查、抵押合同的实际行权,故接受采矿权作为抵押担保应谨慎。

一、案例简介

(一)基本案情

某远公司系提供贷款担保和其他融资性担保的公司,2016年5月13日与鸿某公司签订《担保服务协议(最高额担保)》合同,约定其为鸿某公司自2016年5月13日至2021年5月13日连续向银行等金融机构贷款所形成的债务提供最高额保证担保,最高额为人民币1500万元,并与借款人签订《保证合同》,约定甲方某远公司自代偿之日有权向乙方追偿,并约定了利息及违约金。后侯某某、钱某甲、钱某乙、吴某作为乙方保证人与某远公司、鸿某公司签订《个人最高额保证担保合同》,承担连带保证责任,泰某公司作为保证人签订《单位最高额保证担保合同》承担连带保证责任,后又签订《设备最高额抵押担保合同》,2016年5月

13日，某远公司为抵押权人，鸿某公司为抵押人，双方签订《采矿权最高额抵押合同》，约定鸿某公司自愿以其经许可取得的采矿许可证项下的采矿权设定抵押，作价650万元，为此项债权提供最高额抵押担保，采矿权抵押已办理采矿权抵押权备案登记。同日，孙某、孙某某与某远公司、鸿某公司签订《房产最高额抵押担保合同》。钱某某、吴某与某远公司、鸿某公司签订《房产最高额抵押担保合同》，侯某某、钱某某与某远公司签订《股权最高额质押担保合同》并办理了登记手续，为上述贷款提供股权质押反担保。在此期间，鸿某公司与银行签订《流动资金借款合同》，同时某远公司为其提供连带保证。借款到期后，鸿某公司未能按时还款，2021年11月16日，某远公司代偿了相关债务，遂起诉债务人鸿某公司要求支付代偿款及利息损失，利息损失包含违约金，按年利率15.4%的标准计算，泰某公司、钱某甲、吴某、侯某某、钱某乙、孙某、孙某某对上述债务承担连带清偿责任；对鸿某公司及保证人提供的动产、不动产、股权、采矿权等反担保抵（质）押物承担担保责任，对抵（质）押物折价、拍卖、变卖的价款享有优先受偿权。[1]

（二）法院裁决

1. 一审判决

法院经查明事实后认为，各相关当事人为鸿某公司向银行等金融机构融资贷款而签订的《担保服务协议（最高额担保）》《个人最高额保证担保合同》《单位最高额保证担保合同》《设备最高额抵押担保合同》《采矿权最高额抵押合同》《房产最高额保证担保合同》《股权最高额质押担保合同》系反担保，真实有效，具有

---

[1] 详可参见（2022）鄂0602民初747号民事判决书。

法律约束力，某远公司作为保证人，承担保证责任后，可以向债务人追偿，某远公司有权对鸿某公司对设备和采矿权在最高额反抵押担保额度范围内优先受偿，但违约金比例过高，综合考量当事人履约情况及利益平衡，按中国人民银行授权的全国银行间同业拆借中心公布的一年期贷款市场报价利率的两倍范围内确定，酌情具体确定为年利率7.4%。

二、以案说法

本案的争议焦点是保证人是否应承担保证责任。

当事人在保证合同中约定保证人和债务人对债务承担连带责任的，为连带责任保证。连带责任保证的债务人不履行到期债务或者发生当事人约定的情形时，债权人可以请求债务人履行债务，也可以请求保证人在其保证范围内承担保证责任。依据合同和法律规定，保证人在承担保证责任后，有权向债务人追偿，抵押权人有权就抵押物优先受偿。故本案中，作为保证人的某远公司在清偿后向债务人某鸿公司进行追偿，也有权就鸿某公司以其设备和采矿权设定的最高额抵押在反担保范围内优先受偿。至于案涉泰某公司及自然人，其在提供反担保时均明确承诺承担连带责任，故应在所承诺的范围内担责。由于本案为追偿权之诉，相关反担保保证人与某远公司约定的保证期间为从对应融资业务合同项下全部主债务履行期限届满之日起三年，债权人与保证人可以约定保证期间，故某远公司向相关保证人提起诉讼均在对应融资业务合同项下全部主债务履行期限届满之日起三年之内，并未逾期，合法有效。

三、专家建议

采矿权作为一种无形资产，在抵押权的实现上与有形资产没有本质的差异。以采矿权设定抵押担保，当债务人不履行到期债务或者发生当事人约定的实现抵押权的情形时，人民法院可以拍卖、变卖矿业权或者裁定以矿业权抵债，抵押权人有权以拍卖款优先受偿。值得注意的是，设定担保时应办理登记或矿业权抵押备案手续，实现抵押权时，矿业权竞买人、受让人应具备相应的资质条件，若暂时没有找到适格的受让人，抵押权人可以请求法院对该采矿权进行查封，待到采矿权被拍卖获得款优先受偿。

四、关联法条

《中华人民共和国民法典》第五百七十七条、第六百七十四条、第六百七十五条、第六百八十八条、第六百八十九条、第六百九十条、第六百九十二条第二款、第七百条。

汽车抵押权人可以排除强制执行

汽车是我们生活中重要的交通工具，因其具有一定财产价值，也成为生活中常见的抵押物。动产抵押具有不转移财产占有的特点，所以在用汽车作为抵押物时，经常会出现债务人的车辆被第三人申请执行，从而被查封、扣押，此时抵押权人如何保障自己的债权成为一个重要的问题。

一、案例简介

（一）基本案情

2015年10月30日，田某向韩某借款30万元，并于同日签订抵押合同，约定以田某所有的奔驰汽车作为抵押物，担保韩某30万元债权实现。抵押合同签订后，并未办理抵押登记，田某将车辆、钥匙、车辆发票、机动车登记证书等相关材料直接交给韩某。2021年8月，田某与杨某就相关债务问题达成调解，田某为北京某公司借款承担连带还款责任，因北京某公司和田某均未履行债务而被杨某申请执行，法院查封、扣押了田某所有的奔驰汽车。为此，韩某向北京市某区法院提起执行异议之诉，请求停止对田某所有的奔驰汽车的执行。杨某不同意韩某的诉讼请求，称韩某并非案涉车辆的所有人且韩某抵押权未经登记，不享有排除强制执行的民事权益。[①]

[①] 详可参见（2022）京03民终12444号民事判决书。

(二)法院裁决

1. 一审判决

一审法院认为,韩某与田某签订了抵押合同,约定以田某所有的案涉车辆作为债务担保的行为合法有效,但因田某将车辆、钥匙、车辆发票、机动车登记证书等相关材料直接交给韩某占有,所以田某与韩某之间成立的是关于涉案车辆的质押合同,韩某为涉案车辆的质押权人。虽然韩某不是案涉车辆的所有权人,但韩某对案涉车辆的质押权可以对抗杨某基于与田某的普通债权对案涉车辆提起的强制执行。因此,判决停止对案涉车辆的强制执行。

一审判决后,杨某提起上诉,认为韩某与田某形成抵押关系,而非质押关系。因韩某享有的抵押权未经登记,不得对抗善意第三人,不足以排除强制执行。

2. 终审判决

二审法院认为,一审法院认定田某与韩某形成质押合同关系,韩某为涉案车辆的质押权人,不当,韩某针对案涉车辆形成的是抵押权且合法有效。由于杨某仅为普通的债权人,针对杨某提出的强制执行措施,韩某可以以其形成的抵押权排除强制执行。二审法院认定一审法院判决停止对涉案车辆的强制执行是正确的,判决结果并无不当,依法予以维持。同时,二审法院认为,韩某不能因其享有抵押权而取得抵押物,其抵押权利能否实现,应当进一步审理。

二、以案说法

本案实际上有两个争议焦点:一是田某与韩某之间形成的是质押合同关系还是抵押合同关系;二是韩某的担保物权能否排除强制执行。

（一）抵押关系的认定

通常来说，动产抵押是指债务人或者第三人为担保债务的履行，在不转移财产占有的情形下提供的担保形式；动产质押是指债务人或者第三人为担保债务的履行，将动产移交给债权人的担保形式，两者的根本区别在于是否转移财产占有。

田某所有的奔驰汽车属于交通运输工具，系动产，田某可以将涉案车辆作为债务担保抵押，符合法律规定。本案中，田某与韩某签订完抵押合同之后，田某将车辆、钥匙等相关材料直接交给了韩某。所以，一审法院认定田某与韩某签订的合同名义为抵押合同，实为动产质押，双方之间成立关于涉案车辆的质押合同，韩某为涉案车辆的质押权人。根据《中华人民共和国民法典》(以下简称《民法典》)相关规定，以动产抵押的，抵押权自抵押合同生效时设立，未经登记，不得对抗善意第三人。所以，韩某与田某签订的抵押合同生效时韩某即享有了抵押权，只是双方没有办理抵押权登记，韩某的抵押权不得对抗善意第三人。因此二审法院认为，韩某对案涉车辆形成的是抵押权且合法有效。

（二）抵押权人排除普通债权人的强制执行

根据《民法典》相关规定，抵押权人享有就担保财产优先受偿的权利，也就是说抵押权人可以优先于普通债权人受偿，这也符合物权优先于债权的民法理论。对于动产的抵押，《民法典》规定，抵押权自抵押合同生效时设立；未经登记，不得对抗善意第三人。一般认为，这里的"第三人"主要是指抵押物的买受人。在本案中，杨某并非案涉车辆（即抵押物）的买受人，其仅为普通的债权人，而韩某为抵押权人，因此韩某可以排除杨某作为普通债权人的债权执行措施。

三、专家建议

债权人在债务人或第三人的动产上为自己设立担保物权,有助于将来收回债权。本案中,韩某之所以能够排除杨某申请强制执行,就是因为韩某在田某申请执行的车辆上设立了有效的抵押权。但韩某未进行抵押登记,将来可能会在实现权利时遇到困难。因此在创设相关权利时,要尽量做到合法、全面。比如动产抵押权的设立,一定要采用书面形式订立抵押合同,且抵押合同要包括被担保债权的种类和数额、债务人履行债务的期限等必备条款,同时要到相关部门办理抵押登记。

四、关联法条

《中华人民共和国民法典》第三百九十四条、第三百九十五条、第四百条、第四百零三条、第四百零四条。

设定动产浮动抵押谨防风险

随着我国经济的繁荣发展,社会对于抵押担保这种信用机制给予了高度关注,而且随着《中华人民共和国民法典》(以下简称《民法典》)的施行,担保物权制度进一步得到完善,抵押由于其无须转移标的物的占有,大大便利了物的使用效率,成为一种更为普遍常见的担保方式。对于企业来说,动产浮动抵押是一种重要的融资方式,其贷款金额占银行开发贷款的比重逐步增加,办理动产浮动抵押登记也成为银行防范贷款风险的重要手段。

一、案例简介

(一)基本案情

2015年9月21日,某某银行佛山支行与佛山市三水某公司签订了《授信额度合同》,约定某某银行佛山支行向佛山市三水某公司提供授信额度最高限额人民币3000万元、授信额度敞口最高限额人民币1640万元。同时,某某银行佛山支行与佛山市某门窗公司签订了《最高额保证合同》,对某某银行佛山支行与佛山市三水某公司之间的债务承担连带责任保证担保。且某某银行佛山支行于同日就其与佛山市三水某公司的前述债务还与佛山市某门窗公司签订了《最高额抵押合同》,佛山市某门窗公司提供了其位于佛山市南海区××镇××工业区内自编F区厂房内的佛山市南海某门窗有限公司厂房内及其他存放地现有及将有的原料、半成品、成品及设备为佛山市三水某公司的涉案借款债务在最高额本金1640万元范围内提供抵押担保，双方在佛山市南海区工商行政管理局办理了动产抵押登记。

后因佛山市三水某公司未能按约还款，担保人也未依约履行担保责任，某某银行佛山支行将债务人及担保人均诉至法院，各方在法院的主持下达成调解，明确了债务及利息的计算方式、还款方式，保证人继续承担连带清偿责任。随后，佛山市某门窗公司还向某某银行佛山支行出具了《确认暨承诺函》，确认了保证期间，并明确以现有及将有的全部原材料、半成品、成品及设备为佛山市三水某公司的债务提供抵押担保。

但因债务人及担保人仍然未能根据生效的《民事调解书》履行还款义务，某某银行佛山支行便申请了强制执行，后各方在该执行阶段达成了《执行和解协议》，明确了还款方案及佛山市某门窗公司已就对前述债务承担连带担保责任并以现有及将有的全部原材料、半成品、成品及设备提供抵押担保，也明确了若被执行人违约，则某某银行佛山支行可依据《最高额抵押合同》等向法院提起诉讼要求佛山市某门窗公司承担连带保证责任及抵押担保责任。

因遭受疫情影响，自2022年8月起，佛山市三水某公司无力再按《执行和解协议》向某某银行佛山支行持续还款，故某某银行佛山支行将佛山市某门窗公司诉至法院。[1]

（二）法院裁决

一审法院认为某某银行佛山支行提供的案涉《最高额保证合同》《最高额抵押合同》等均为各方真实意思表示，内容合法有

---

[1] 详可参见（2023）粤0604民初11414号民事判决书。

效,各方均应全面履行。故判决佛山市某门窗公司就民事调解书所确定的佛山市三水某公司的债务,向某某银行佛山分行承担连带清偿责任;某某银行佛山分行就民事调解书所确定的债权以及本案诉讼费用范围内,对佛山市某门窗公司提供的位于佛山市南海区××镇××工业区内自编F区厂房内的佛山市南海某门窗有限公司厂房内及其他存放地现有及将有的原料、半成品、成品及设备折价或拍卖、变卖后的价款享有优先受偿权。

二、以案说法

本案的争议焦点主要有两个:一是佛山市某门窗公司是否应当承担保证责任;二是佛山市某门窗公司是否应当承担动产浮动抵押责任。

(一)关于保证责任

《民法典》第六百八十八条第二款规定:连带责任保证的债务人不履行到期债务或者发生当事人约定情形时,债权人可以请求债务人履行债务,也可以请求保证人在其保证范围内承担保证责任。本案中根据《授信额度合同》的约定,佛山市某门窗公司作为连带保证人,应对债务人佛山市三水某公司的借款债务即案涉民事调解书中所确定的债务承担连带清偿责任,佛山市某门窗公司承担保证责任后有权向佛山市三水某公司进行追偿。

(二)关于动产浮动抵押权

动产浮动抵押权,是指企业、个体工商户、农业生产经营者以现有及将有的生产设备、原材料、半成品、产品抵押,债务人不履行到期债务或者发生当事人约定的实现抵押权的情形时,债权人就抵押财产确定时的动产优先受偿的权利。

需要注意的是,浮动抵押设定后,抵押的财产并非固定不变,而是不断变化的,抵押人可以将抵押的生产设备、半成品、产品等卖出,不必经抵押权人的同意(如果抵押人恶意实施损害抵押权人利益的行为,抵押权人可追回抵押财产或其价值),只有当约定或者法定事由发生时,抵押的财产才能确定。根据《民法典》第四百一十一条规定:"依据本法第三百九十六条规定设定抵押的,抵押财产自下列情形之一发生时确定:(一)债务履行期限届满,债权未实现;(二)抵押人被宣告破产或者解散;(三)当事人约定的实现抵押权的情形;(四)严重影响债权实现的其他情形。"当浮动抵押财产被确定后,变成固定抵押,抵押权人才有权对抵押财产确定时的动产优先受偿。结合本案,根据《最高额抵押合同》的约定,佛山市某门窗公司以其位于佛山市南海区××镇××工业区内自编F区厂房内的佛山市南海某门窗有限公司厂房内及其他存放地现有及将有的原料、半成品、成品及设备为案涉佛山市三水某公司的借款债务提供抵押,且已办理了动产抵押登记手续,某某银行佛山分行对前述抵押财产折价或者拍卖、变卖后的价款享有优先受偿权。

三、专家建议

债权人有权就抵押财产确定时的动产优先受偿。企业设定浮动抵押,需注意以下几点:

(1)设立浮动抵押的财产限于生产设备、原材料、半成品、产品。除此之外的动产、不动产、知识产权等不能设立浮动抵押。

(2)浮动抵押设定后,抵押财产并非固定不变。而是不断发生变化,企业(抵押人)可以将抵押的生产设备等财产卖出。

(3)设立浮动抵押应有书面合同,企业与他人签订浮动抵押合同后,即使未经登记,抵押权也有效设立,但是不能对抗善意第三人。合同中应对担保债权的种类、数额、债务履行期间、抵押财产范围、实现抵押权条件等内容明确约定。

四、关联法条

《中华人民共和国民法典》第三百九十六条、第四百零三条、第四百一十一条、第六百八十八条；

《最高人民法院关于适用〈中华人民共和国民法典〉时间效力的若干规定》第一条第三款。

既存债权可转入最高额担保范围

最高额抵押担保是随着商品经济发展而产生的一项抵押担保制度，该制度因高效、便捷的特点，能够加速资金流动，因而备受金融机构的青睐，逐渐被个人和企业所接受。在实践中，应注重把握最高额抵押担保的债权确定时间及既存债权转入最高额抵押担保的债权范围问题。

一、案例简介

（一）基本案情

2017年1月19日，某银行与甘肃某公司签订编号为（2017）第07号人民币流动资金贷款合同，约定某银行向甘肃某公司发放贷款3000万元，贷款期限自2017年1月19日至2018年1月18日。贷款合同签订同日，某银行向甘肃某公司发放了3000万元贷款。贷款到期后，某银行于2018年1月、2019年1月、2020年1月，分别与甘肃某公司签订（2018）第001号展期合同、（2019）第001号展期合同、（2020）第001号展期合同。

2019年1月，某银行与李某、余某、甘肃某公司签订最高额抵押合同，约定以他们名下不动产为甘肃某公司与某银行在2018年12月24日至2019年12月24日期间所签署的主合同而享有的一系列债权提供担保，李某、余某、甘肃某公司分别以最高额债权本金62万元、35万元、273.58万元为限提供抵押担保，分别签订了（2019）信银兰最抵字第001号最高额抵押合同、第002号最高额抵押合同、第003号最高额抵押合同，三份最高额抵押合同的附件中均涵盖了案涉流动资金贷款合同、贷款展期合同项下债权，且均办理了抵押登记。2019年1月23日，某银行、甘肃某公司与李某、余某对高额抵押合同进行变更，将第001号最高额抵押合同和第002号最高额抵押合同的最高额债权本金分别调整为135.3705万元、70.1352万元。

2021年5月，某银行诉至某法院，要求拍卖或变卖李某、余某及甘肃某公司名下不动产，并就所得价款优先受偿。[①]

（二）法院裁决

1. 一审判决

一审法院认为，某银行分别与李某、余某、甘肃某公司签订最高额抵押合同，约定以上担保人名下房屋为甘肃某公司与某银行签署的主合同形成的债权在相应的债权形成期间以及相应的债权本金限额内提供最高额抵押担保，案涉流动资金贷款合同、贷款展期合同项下债权虽不在最高额抵押合同约定的债权期间内，但最高额抵押合同的附件（转入最高额抵押担保的债权清单）中涵盖了案涉流动资金贷款合同、贷款展期合同项下债权，且办理了抵押登记，李某、余某、甘肃某公司应以其抵押房屋依次在债权本金135.3705万元、70.1352万元、273.58万元限额内向某银行承担抵押担保责任，本院对某银行主张就抵押房屋拍卖、变卖所得价款优先受偿的诉讼请求合理部分予以支持。李某、余某不服，提起上诉。

---

① 详可参见（2022）甘民终364号民事判决书。

2. 终审判决

二审法院认为，李某、余某与某银行分别签订的最高额抵押合同中，在合同附件二中明确约定将（2017）第07号人民币流动资金贷款合同转入最高额抵押担保的债权清单。且在案涉借款展期时，双方重新签订最高额抵押担保合同，并将（2017）第07号人民币流动资金贷款合同转入最高额抵押担保的债权清单，符合当事人的真实意思表示，重新签订的最高额抵押担保合同亦重新办理了抵押登记。最终，二审法院维持了一审判决。

二、以案说法

本案争议焦点其实就是余某、李某、甘肃某公司是否应当在最高额抵押限额内承担抵押担保责任。

（一）最高额抵押的认定

最高额抵押权，是指在当事人设定的最高债权额限度内，为了担保一定期间内将要连续发生的债权，债务人或第三人提供抵押物而设立的特殊的抵押权。当债务人不履行到期债务或者发生当事人约定的实现抵押权的情形，抵押权人有权在最高债权额限度内就该担保财产优先受偿。本案中，李某、余某、甘肃某公司提供的不动产是可以用来抵押的财产，李某、余某、甘肃某公司与某银行基于真实意思表示在相应财产上设立的最高额抵押权符合法律规定，因此，某银行与李某、余某、甘肃某公司签订最高额抵押合同均合法有效。

（二）最高额抵押所担保债权的确定时间

根据法律规定，最高额抵押权设立前已经存在的债权，经当事人同意，可以转入最高额抵押担保的债权范围，同时法律规定，在约定的债权确定期间届满时，抵押权人的债权确定。本案中，案涉（2017）第07号流动资金贷款合同及贷款展期合同项下债权，虽不在李某、余某、甘肃某公司与某银行分别签订的最高额抵押合同约定的债权期间内，但最高额抵押合同的附件中涵盖了案涉流动资金贷款合同、贷款展期合同项下债权，且办理了抵押登记，可以认定李某、余某、甘肃某公司将相关债权转入最高额抵押担保的债权范围，因此在约定的债权确定期间届满时，李某、余某、甘肃某公司应当在相应债权本金限额内向某银行承担抵押担保责任，某银行享有优先受偿权。

三、专家建议

最高额抵押担保既拥有普通抵押担保的性质，又具有其自身的特殊性。其最大的特殊之处就是可以担保一定期间内将要连续发生的债权，而不需要在每一个债权上设立一个担保物权。其特殊性也在实践中带来不少争议问题，比如本文案例中，既存债权是否应当被认定转入最高额抵押担保的债权范围问题；再比如在最高额抵押担保的债权确定前，抵押权人与抵押人变更债权确定的期限、债权范围问题时对其他抵押权人是否产生影响等问题，法律并没有做具体规定，因此我们在设立最高额抵押担保时，应尽量思考周全，将登记等相关手续做全面，把涉及的相关证据留存完整。

四、关联法条

《中华人民共和国民法典》第四百二十条、第四百二十一条、第四百二十二条、第四百二十三条、第四百二十四条。

二、质权纠纷

享有质押权的汽车能否使用

借贷是生活中常见的民事行为，为了给债权实现提供更好的保障，给债权人吃下一颗"定心丸"，许多借款人选择在借款时将自己的财产如小轿车等出质给债权人，并约定如债务人到期不能还款，则债权人有权处分该财产。虽然这种约定给双方之间的借贷行为提供了担保，但需要注意的是，质权人并不享有质物的所有权，质权人享受权利亦不能随心所欲，应妥善保管质物，否则一不留神就有可能侵犯出质人的合法权益，因此质权人应谨慎行权。

一、案例简介

（一）基本案情

2020年1月19日，借款人杨某与出借人朴某签订借款合同，同时在2020年1月签订《汽车抵押借款合同》，表示因双方借贷关系，杨某将其路虎汽车质押给朴某，并约定合同期满，如杨某尚不能还清欠款本息，朴某有权向杨某指定人民法院申请处分抵押物，亦有权将抵押物转让、出售、再抵押或者其他方式处分。车辆自2020年1月19日起即由债权人朴某占有，且朴某占有期间（至本案开庭前），未经杨某允许，擅自连续使用该车辆，并产生大量违章，为此，杨某诉至北京市某区人民法院，要求朴某支付汽车使用费若干，被告朴某不同意杨某的诉讼请求，请求法院予以驳回。①

（二）法院裁决

1. 一审判决

一审法院认为，杨某为路虎汽车的所有权人，为了获得借款，暂时出让了占有权能，其对案涉车辆的使用的权能并未出让或丧失，仅是在债务未得清偿之前，对其使用权能进行了限制。故依据现有证据、租赁市场一般价格、违章记录中最早时间的月份、案涉车辆现占有状况以及朴某个人陈述等，判决朴某向杨某支付 2020 年 9 月 1 日至 2023 年 2 月 28 日的车辆使用费 12 万元，驳回杨某其他诉讼请求。

2. 二审判决

对于认定的案件事实部分，双方无异议，二审法院认为，质权人朴某在质权存续期间，未经出质人杨某同意，擅自使用、处分质押财产，造成出质人损害，应当承担赔偿责任，一审判决认定事实清楚，适用法律正确，应予维持。

二、以案说法

本案的焦点主要为：一是朴某对于涉案车辆的使用是否属于擅自使用？二是朴某是否有权使用涉案车辆？

（一）擅自使用的认定

一般认为，质权人在质权存续期间，未经出质人同意，擅自

---

① 详可参见（2023）京 01 民终 3532 号民事判决书。

使用、处分质押财产即构成擅自使用。本案中2020年1月19日起至2023年2月28日，朴某占有涉案车辆，涉案车辆存在10余起违章，足以证明朴某存在大量使用轿车的行为，朴某主张部分使用行为系经过出质人杨某的同意，但并未提交证据，也未得到出质人杨某的认可。且法律禁止流质，合同中关于"本合同期满，甲方尚不能还清欠款本息者，乙方有权向乙方指定人民法院申请处分抵押物，亦有权将抵押物转让、出售、再抵押或者其他方式处分"的约定，并不能被理解为授权朴某在占有期间擅自使用车辆。质押的根本目的在于保障债权实现，所有权并未转移，故朴某的行为构成擅自使用。

（二）质权的概念与行权

1. 质权的概念

一般认为，质权是指债权人占有债务人或第三人为担保债务履行而移交的财产，在债务人不履行债务时就该财产的变卖价款优先受偿的权利。质权是一种动产物权，其设立必须合法。设立质权，当事人应当采用书面形式订立质押合同，质权自出质人交付质押财产时设立，设立质权时，出质人（债务人或第三人）应当将质押财产移交给债权人占有。质权以交付质押财产为成立要件，如果质押财产未由出质人移交于质权人占有，那么质权根本并未产生。本案中，杨某为了获得借款，向朴某质押了自己的路虎轿车，双方签订了纸质合同，完成了对路虎轿车占有权的转移，质押关系成立。

2. 质权的行权

从所有权的权能上来看，动产所有权包括占有、使用、收益、处分四项基本权能，车辆的所有权人享有上述全部权能，质权人基于质权而取得对涉案车辆的占有权能，出质人为了获得借款，暂时出让了占有权能，并未出让或丧失其对于质物的使用的权能，也并未授权质权人进行私下使用的情况下，仅是在债务未得清偿之前，对其使用权能进行了限制，因而，让出质物的占有权能，并不意味着质权人可以未经质物所有权人的同意而随意使用质物。如本案中，朴某未经杨某允许擅自使用车辆并造成大量违章，此举为对杨某车辆所有权的侵害，其侵害行为给杨某造成了损失，应予赔偿。

三、专家建议

由于出质人对质押物有无合法的处分权决定了双方质押协议的效力，故债权人在接受质押物时应当先行审查出质人对质押物有无所有权，如有所有权，则质权设定成立。质权人在行权时同样要注意，出质人只转让了占有的权能，并未转让质物的所有权，故未经出质人同意，质权人不能擅自使用质物。对于自身权利的维护不应建立在侵犯他人合法权益的基础上。未经允许使用质物，构成对出质人对于质物所有权的侵害，应赔偿其损失，并支付相应的使用费。

四、关联法条

《中华人民共和国民法典》第二百四十条、第四百二十五条、第四百二十九条、第四百三十一条；

《中华人民共和国民事诉讼法》第六十七条。

以转质方式购买汽车恐有风险

汽车如获取合法得当,则会为生活和出行提供诸多便利。但如果以其他方式走捷径,购买了无处分权的车辆,可能面临承担一定的风险。不但没有实现便利生活和出行的初衷,反而增添了很多烦恼和纠纷,在权利救济上缺乏必要的证据和法律支持,耗费时间、牵扯精力,因此必须谨慎对待。

一、案例简介

(一)基本案情

居住在北京的董某想购买一辆北京牌照的汽车作为代步工具。由于在北京购买车辆上北京市的牌照比较困难,于是原告打算在外地购买一辆北京牌照的汽车。经多方打听,通过网上联系到被告于某有一辆悬挂北京牌照的质押车辆需要转让,故于2017年3月1日与被告于某签订《车辆债权转让协议》一份,协议约定甲方于某将牌照为京Q×××××车辆转押给乙方董某,甲方保证对车辆享有质押权,享有转押权力;甲方保证车辆以后不会变质为盗抢、诈骗车辆,如发生一切法律责任与乙方无关;甲方保证车辆是车辆所有人质押的,如不是车辆所有人质押,发生一切后果法律责任和经济纠纷与乙方无关。原、被告达成上述协议后,原告董某于2017年3月2日通过银行转账向被告于某指定的张某账户中转账两次,共计转账95000元,被告于某将京Q×××××

车辆交付原告董某。实际上，该车辆系案外人靖某所有，原告董某使用该车辆期间，靖某委托吴某在董某不知情的情况下将车辆取回并拒不返还。董某遂诉至河北省某法院，要求被告于某赔偿因其违约给原告造成的各项损失98263元。

（二）法院裁决

1. 一审判决

一审法院经审理后认为，双方之间签订的《车辆债权转让协议》名为车辆债权转让，实为车辆买卖。协议内容及双方签订的其他材料不能证实被告于某对涉案车辆已经依法取得所有权或处分权，且被告于某交付车辆后，车辆被实际所有权人靖某取回，致使原告董某无法取得该车辆的所有权，损失购车价款95000元，被告于某的行为构成违约，应当承担违约责任。原告董某购买车辆时明知被告于某对车辆不享有所有权和处分权，且约定的购车价格明显低于同类车辆的市场价，故对原告董某关于被告于某存在过错的主张予以支持，对其损失赔偿数额应予以相应扣减，判决被告于某在原告损失的60%的基础上承担赔偿责任。①

2. 二审判决

二审法院认为，于某作为转让质押物的一方，应赔偿由此给受让人董某造成的损失。董某为取得案涉车辆的占有权和使用权，在明知其为质押物时仍出资购买，且未核实出质人是否同意，自身存在一定过错，对损失也应承担一定的责任，一审判决其承担损失的40%责任比例过高，酌情确定其自行承担损失的20%，而于某赔偿董某损失的80%即76000元。

---

① 详可参见（2019）冀09民终476号民事判决书。

二、以案说法

(一) 何为转质

转质是指质权人在质权存续期间,为担保自己的债务,以其所占有的质物,为第三人设定质权的行为。质权是担保物权,质押权人对于质押物并没有使用和收益的权利。未经出质人同意转质,造成质押财产毁损、灭失的,应当向出质人承担赔偿责任。本案中,被告人于某对于汽车享有质权,其利用对汽车的占有,对汽车进行了处分,经法院查明,其与原告之间的合同名为债权转让,但实为买卖,故认定原权利人不应对董某进行返还。

(二) 转质的效力

质权人在质权存续期间,未经出质人同意,为担保自己的债务,在其所占有的质物上为第三人设定质权的无效。质权人对因转质而发生的损害承担赔偿责任。出质人在转质后仍然承担原担保责任。原质权人在转质后要妥善保管和使用质物,不得擅自处分或放弃其担保债权,对因转质而造成的损害要承担赔偿责任。本案中,由于于某和董某之间的转质押协议未经过原权利人确认同意,导致其与董某之间构成违约,故应当承担违约责任。

三、专家建议

依据法律规定,质权人应妥善保管质物,质权人无权私自使用质押物,造成质押物损毁、灭失的,还应承担法律责任。本案中,双方当事人均认可在车辆转让时未与实际权利人联系,并经过实际权利人同意。由于质权人不享有质物的所有权,故购买质押车辆作为代步工具存在实际权利人主张所有权并取回的风险,故大家在购买车辆时应谨慎审查相关手续,遇到有抵押、质押的车辆除了审查合同相对方身份、抵押质押协议的真实性有效性，还要取得实际权利人的书面陈述证明已取得其同意和授权，最大程度降低风险。

四、关联法条

《中华人民共和国民法典》第五百七十七条、第五百九十五条；

《最高人民法院关于审理买卖合同纠纷案件适用法律问题的解释》第三条第二款、第三十条。

债权转让后最高额质权如何实现

随着金融市场的不断发展,以担保获得借款的现象层出不穷,债权转让与最高额质押担保作为两种主要的交易方式和担保方式经常在实践中交叉运用。债权转让发生后,如何实现担保权利,如何确定最高额质权效力,质权人与受让人之间的权益如何平衡成了亟待解决的问题。

一、案例简介

(一)基本案情

2021年9月17日,某树集团经过内部程序审批通过后向某银行出具了《股东会决议/股东决定》,同意为某装饰工程有限公司在2021年9月17日至2022年9月5日与民泰银行签订的本外币借款合同、银行承兑汇票承兑合同、他行代签承兑协议、开立保函协议、商业承兑汇票保贴(贴现)协议、国内国际贸易融资相关合同及其他业务协议项下的债务提供质押、担保范围包括债权本金(授信敞口)1100万元整及为实现债权而可能发生的全部费用。同日,某树集团与银行签订了《商业银行最高额质押合同》,以所持有的某公司股权为装饰工程公司向陈某借款提供最高额质押担保,最高本金余额为人民币2203万元整,并于2021年9月17日办理了股权出质登记手续。同日,银行与装饰工程公司、某商贸公司签订了《商业银行借款合同》,约定二公司作为共同借款人向银行借款 1100 万元，本笔借款为担保借款，担保方式为质押，受前文最高额质押合同约束。借款合同到期日后，银行从装饰工程公司银行账户中扣收了借款本金 64874.45 元和利息 431566.67 元，此后商贸公司再未还款，担保人某树集团也未承担还款义务。2023 年 5 月 23 日，陈某通过拍卖平台拍得银行的上述债权，2023 年 5 月 30 日与银行签订《债权转让合同》，于 2023 年 6 月 2 日支付剩余拍卖价款。2023 年 6 月 6 日，陈某通过邮寄方式向装饰工程公司、商贸公司、某树公司邮寄债权转让通知。现三公司未能还本付息，遂诉讼，主张本金、利息、复利、质押物股权的折价款优先受偿。

（二）法院裁决

法院首先确认了银行与装饰工程公司、商贸公司签订的《商业银行借款合同》、银行与某树集团签订的《商业银行最高额质押合同》为当事人的真实意思表示，合法有效，装饰工程公司、商贸公司到期未还款，构成违约，银行将上述债权转让给陈某并告知三被告，债权转让行为合法有效，故支持原告对于装饰工程公司、商贸公司归还借款本金、主张逾期利息、复利，实现合同内的相关约定的请求，陈某有权就某树公司质押担保的股权经拍卖、变卖后的价款在最高额 2203 万元范围内享有优先受偿。

二、以案说法

（一）最高额质权的含义

最高额质权是指债务人或第三人与债权人约定，以一定期间内连续发生的债权为标的物，将其动产或权利作为债权的担保。当债务人不履行到期债务时，债权人有权依照约定以该动产或权利的价值优先受偿的一种担保方式。最高额质权的设立必须有明确的期限，即债务人或第三人应承诺在一定期限内连续发生债权，最高额质权的标的物是债务人或第三人在一定期限内连续发生的债权，而不是单一的债权。最高额质权的债权人在债务人不履行到期债务时，有权依照约定以该动产或权利的价值优先受偿。本案中，《商业银行最高额抵押合同》合法有效，即案涉各被告对于2021年9月17日至2022年9月5日装饰工程公司与银行签订的相关协议项下的债务在所约定的本金余额内承担担保合法有效。

（二）债权转让后担保责任的承担

债权转让的，担保该债权的抵押权一并转让。本案中，质押合同并未约定禁止债权转让，且银行转让债权给原告陈某后，陈某告知了包括出质人在内的三被告，故出质人还应遵守原有协议，继续承担担保责任。

三、专家建议

当债权发生转让时，原债权人的债权得到了实现，原债权人宜及时通知保证/担保人，在保证/担保合同无虞的情况下，由保证/担保人继续对新的债权人承担保证/担保责任。如果保证/担保合同中约定了禁止债权转让情形，此种情形下债权人未经保证/担保人书面同意转让债权的，保证/担保人免责，故在签署保证/担保合同时应仔细衡量，以便最大限度保障自身利益。

四、关联法条

《中华人民共和国民法典》第四百二十七条、第四百四十条、第四百四十三条、第六百七十四条、第六百七十五条、第六百七十六条。

存单质押的风险与防范

近年来，存单作为押品担保融资的做法，在银行行业内较为普遍，既能满足银行分支机构揽储和实现中间业务收入的需要，也能更好地实现银行举金融之力助企业纾困解难。但受新冠疫情带来的影响，有些企业经营愈发困难，致使存单质权纠纷频发。

一、案例简介

（一）基本案情

王某担任××销售公司、××集团公司法定代表人。2014年11月27日至2016年12月26日，王某在某银行含山支行办理了普惠金融存单九份，其中八份普惠金融存单金额均为500万元，一份普惠金融存单为450万元，以上九份存单存期三年到五年不等，年利率均在3.85%—5.225%。

2015年至2016年，王某与某银行含山支行签订多份《最高额权利质押合同》，为××销售公司、××集团公司与某银行含山支行签订的《流动资金借款合同》《银行承兑协议》等协议提供上述普惠金融存单进行质押担保。

××销售公司、××集团公司在《流动资金借款合同》《银行承兑协议》等协议履行过程中，未能按约定期限支付本息，导致违约。经政府出面协调，王某同意某银行含山支行补偿息差后，提前支取未到期的普惠金融存单中的存款，用以归还逾期的贷款本息。在实际办理过程中，除王某一份普惠金融存单（编号：0627608）已经到期外，有八份普惠金融存单，由王某或其委托的代理人前往某银行含山支行办理支取、转存、还贷手续。2018年9月30日，某银行含山支行未经王某同意直接扣划了王某一份编号为0035XX11的普惠金融存单中的本金4920000元及利息181958元。该份存单是王某2016年12月26日存入，存单中的剩余部分金额，2019年4月10日某银行含山支行协助巢湖市人民法院扣划80000元及利息5582.5元。

王某认为某银行含山支行无权擅自单方处分自己质押的存单，其擅自处分的行为损害了王某的合法权益，依法应当承担赔偿责任，故王某将某银行含山支行诉至法院。[1]

（二）法院裁决

1. 一审判决

一审法院认为某银行含山支行未经王某同意，2018年9月30日直接扣划了王某一份编号为0035XX11的普惠金融存单中的本息，给出质人王某造成损失，应当承担赔偿责任，判决某银行含山支行一次性偿付王某损失220385.41元及利息（以220385.41元为基数，自2019年4月10日至实际履行之日，按年利率为4.55%计算），驳回王某其他诉讼请求。

2. 二审判决

二审法院认为一审在关联案件（2020）皖0522民初237号案中，判决主文第一部分载明"按银行存款活期利率计算至实际赔偿损失之日止"，该判决已经生效，一审应当坚持同案同判，遂改判一审判决第一个判项中的年利率为0.35%，维持一审判决的其他事项。

---

[1] 详可参见（2022）皖民终363号民事判决书。

二、以案说法

本案的争议焦点主要有两个：一是某银行含山支行是否有权扣划案涉质押存单款项；二是某银行含山支行是否应当对其提前扣划行为向王某的损失进行赔偿。

（一）存单质押的定义

存单是指商业银行、储蓄机构发给存款人的证明其债权的凭证，具有可让与性。存单体现的财产权作为质权客体的权利，依照物权法定的原则，必须由法律直接规定。依据《中华人民共和国民法典》第四百四十条的规定，存款单可以作为权利质权的客体对外出质。因此结合权利质权及存单的属性，存单质押是指债务人以自己或第三人所有的存款单向债权人进行质押的担保方式，以担保债权实现。

（二）存单到期日与债务清偿日的先后顺序对质权实现的影响

1. 存单期限先于债务清偿日到期，此时质权人是否能够提前兑现到期存单？

质权是否可以提前实现取决于质权人与出质人的协商情况，若出质人同意提前清偿债务，质权人同意兑现存单的前提下，存单可在到期后、债务履行期尚未到期的情况下，先行兑现，质权人的质权能够得以提前实现。反之，如出质人与质权人无法就债务提前清偿达成一致的，质权人此时只能主张提存兑现款项，最终质权人实现质权的时间仍应当自债务履行期限届满之后，债务人未履行还款义务债权人就提存部分的存单兑现款项予以优先受偿。

2. 债务清偿日先于存单到期日，此时质权人是否能够提前兑现存单实现债权？

《最高人民法院关于适用〈中华人民共和国担保法〉若干问题的解释》(已失效)第一百零二条明确规定,以载明兑现日期的存款单出质的,其兑现日期后于债务履行期的,质权人只能在兑现日期届满时兑现款项。但现行有效的《最高人民法院关于适用〈中华人民共和国民法典〉有关担保制度的解释》并未对这一情形进行明确。

在部门规章层面,《个人定期存单质押贷款办法》第十六条、《单位定期存单质押贷款管理规定》第二十四条第一款、第二十五条第二款均规定,就债务清偿日先于存单到期日质权的实现首先尊重当事人的意思自治,如果双方在质押合同中约定质权人可以直接兑现存单的,从约定。若无约定或未经协商一致,质权人只能在定期存单到期日后方能兑现。现行有效的规定中,若债务清偿日先于存单到期日,只能在出质人与质权人协商一致的情况下提前兑现存单。

结合本案,本案所涉的出质定期存单存款利率高于主债务利率,在主债务没有到期,某银行含山支行没有通过诉讼方式确认借款合同已经解除,亦未通知出质人主债务已提前到期的前提下,未经出质人同意以直接扣划未到期出质存单的方式实现了债权,排除了出质人采用其他方式还款以避免定期存单被扣划造成损失的权利,无疑给出质人造成了利息上的损失。对该损失,某银行含山支行应予赔偿。

三、专家建议

1. 与出质人签署有效的书面质押合同,并明确约定大额存单对应的专用账户,同时约定债务履行期限届满不履行债务时、质权人有权直接划转存单账户款项予以兑现等但要注意拟定的格式条款不能免除质权人的通知、协商义务，避免违反公平原则；

2. 参照保证金质押的要求，尽量在债务存续期间对存单账户实现持续控制，比如掌握密码、登记止付，使账户资金特定化。

3. 对存单进行权利质押登记。按照相关监管规定对大额存单质押登记办理核押等监管手续。

4. 对于个人定期大额存单的质押，有密码的，出质人应告知质权人密码，出质人应委托贷款行请存款行办理存单确认和登记止付手续。

四、关联法条

《中华人民共和国民法典》第四百二十七条、第四百三十一条、第四百四十条、第四百四十一条、第四百四十二条；

《个人定期存单质押贷款办法》第十六条；

《单位定期存单质押贷款管理规定》第二十四条、第二十五条。

质权人可以收取质押股权的股息

股权质押是一种权利质押，因具有流动性强、变现快等优势，在企业融资过程中被广泛应用。股权质权不同于汇票、仓单等权利质权，也不同于一般动产质权，其质权自办理出质登记时设立，因此登记是需要特别注意事项。权利质权适用于动产质权的规定，股权质权人有权收取质押股权的股息。

一、案例简介

（一）基本案情

2018年8月7日，某信托公司（贷款人）与某集团（借款人）、某航空公司甲（担保人）、某航空公司乙（担保人）、某航空控股公司（担保人）签订《贷款合同》（合同编号1418121046），约定某信托公司向某集团提供3亿元贷款，贷款期限自2018年8月27日至2019年12月27日止。同日，某信托公司（质权人）与某航空公司乙（出质人）签订《质押担保合同》（合同编号1418121046-3），质物为某航空公司乙持有的民航信息公司239.85万股股权。《质押担保合同》约定，质权人有权收取出质权利所产生的孳息（包括但不限于利息、股息、红利等）。

2019年6月，民航信息公司计划向股东派发2018年度的分红款，每股派发现金股息0.269元，某航空公司乙质押股数239.85万股，可分红645196.5元。2019年9月25日，某信托公司的质权在中国证券登记结算有限责任公司办理了登记,显示出质人为某航空公司乙,证券简称中国民航信息网络,质押股份数量(股)为239.85万股。2019年12月27日,民航信息公司向某航空公司乙汇款645196.5元,附言备注为"民航信息公司2018年末期现金股息"。某航空公司乙于2019年12月27日出具收据确认收到上述2018年股息。

2020年6月,民航信息公司计划向股东派发2019年度的分红款,每股派发现金股息0.269元,某航空公司乙可分红693166.5元。①

(二)法院裁决

1. 一审判决

一审法院认为,案涉《质押担保合同》合法有效,质权已经设立。因民航信息公司事先不知道案涉股权被质押,因此对于2018年股息发放不存在过错。某航空公司乙在明知某信托公司有权收取出质权利所生孳息的情况下,仍领受了2018年股息,导致某信托公司丧失对被质押股权的2018年股息(645196.5元)的优先受偿权,对此某航空公司乙应承担相应的赔偿责任,即在处置被质押的股权不足以清偿所担保的债权时,某航空公司乙还应在上述2018年股息645196.5元范围内承担清偿责任。某信托公司享有收取2019年被质押股权股息的权利,在某信托公司行使孳息收取权利时,民航信息公司应予以协助。

民航信息公司认为,2019年股息应当先行用于抵消某航空公司乙拖欠民航信息公司的离港费,民航信息公司没有协助义务,故而提起上诉。

---

① 详可参见(2021)京03民终16564号民事判决书。

2. 终审判决

二审法院认为，质权人有权收取质押财产的孳息，某信托公司有权收取处置权利所产生的孳息，孳息应当先充抵收取孳息的费用。民航信息公司虽不是《质押担保合同》的合同相对方，不负有主动向某信托公司支付股息的义务，但在某信托公司行使孳息收取权利时，民航信息公司应予以协助。

二、以案说法

本案争议焦点主要是某航空公司乙应否给付某信托公司涉案被质押股权的股息。

（一）股权是否可以被质押

我国的公司有两种形式，即有限责任公司和股份有限公司，出资证明书是有限责任公司股东享有股权的法定凭证，股票是股份有限公司股东享有股权的法定凭证，股东凭法定凭证享有相应的股权。根据法律规定，债务人或者第三人有权出质可以转让的股权，因此股权是可以被质押的。本案中，民航信息公司是一家上市公司（股份有限公司），某航空公司乙以其持有的民航信息公司 239.85 万股股权出质并办理了登记，符合股权质押的法定形式。

（二）是否可以收取质押股权的股息

根据法律规定，权利质权适用动产质权的规定，而动产质权人有权收取质押财产的孳息。股息是股权产生的孳息，所以股权质权人有权收取质押股权的股息。本案中，某信托公司系某航空公司乙持有的民航信息公司 239.85 万股股权的合法质权人，其有权收取涉案被质押股权 2018 年、2019 年的股息。因某信托公司有事实和法律依据，所以民航信息公司应予以协助。

三、专家建议

虽然权利质权适用动产质权的规定，但需要注意，以股权出质的，质权自办理出质登记时设立，而不是自权利凭证交付质权人时设立，所以要特别注意做好出质登记工作。负责股权出质登记的机构是证券登记结算机构和市场监督管理部门，上市公司的股权、在全国中小企业股份转让系统转让股权的股份公司以及退市公司的股权的质押登记，在证券登记结算机构（即中国证券登记结算有限责任公司）办理；有限责任公司的股权和未在证券登记结算机构登记的股份有限公司的股权的质押登记，在市场监督管理部门办理。

四、关联法条

《中华人民共和国民法典》第四百二十七条、第四百三十条、第四百四十条、第四百四十三条、第四百四十六条；

《股权出质登记办法》第三条；

《证券登记结算管理办法》第四十二条；

《中国证券登记结算有限责任公司证券登记规则》第二十六条。

股权质押流质条款无效

企业经营活动中，经营者因临时性资金周转困难向他人借款的情形时有发生，而债权人为降低回款风险，往往要求债务人提供担保。质押是我国法律规定的传统担保方式，其中，股权质押担保是目前实务中常见的权利质押担保形式之一。在设定股权质押时，部分债权人为使担保行为更具有可执行性，往往会约定"若债务人到期无法清偿债务，则股权归债权人所有"，这种条款在民法上属于法律禁止的"流质条款"，质押合同或借贷合同中的此种约定，被认定无效。

一、案例简介

（一）基本案情

王某因企业经营需要，向刘某借款3100万元。刘某因王某未能按时还款，反复催要无果，遂提出以王某在A公司拥有的股权做担保，双方签订了《股权质押协议》，约定由王某将其持有的A公司39%的股权质押于债权人刘某，作为3100万元欠款的还款保证。王某承诺如到期无法清偿全部借款，则将质押的股权转让刘某所有。协议签订后，双方办理了股权质押登记。此后，王某陆续归还借款本金2000万元，尚有1100万元及利息未能偿还。还款期届满后，刘某向法院提起诉讼，要求确认质押协议有效，并依法将质押的A公司的全部股权变更登记至刘某名下。

（二）法院裁决

法院经依法审理，认为双方在《股权质押协议》中约定如王某到期无法清偿全部借款，则将质押股权转让刘某所有的约定，属于流质条款，该约定无效。但是流质条款无效并不影响《股权质押协议》的效力，股权质押协议系双方真实意思表示，内容不违反法律法规的强制性规定，系合法有效协议，刘某有权就质押股权优先受偿。

二、以案说法

本案争议的焦点在于债权人刘某能否依据双方的《股权质押协议》主张其对公司股权的所有。

质押是指债务人或者第三人将其动产或权利交由债权人占有，以质押物作为债权担保的法律行为。当债务人不履行债务时，债权人有权依照法律规定以质押物优先受偿。质押物可以是动产，也可以是财产性权利。

流质条款是质权人和出质人在合同中对转移质物所有权作出预先约定，即在债务人不能清偿到期债务时，质押物的所有权转移为债权人所有。因流质条款约定可能导致债权人滥用其优势地位，利用债务人的困境以较低的价值获取高价值质押物，从而损害债务人的利益，因此流质条款一直以来都被我国法律所禁止。当事人之间签订的流质条款，无效。本案例中的股权归属条款就是典型的流质条款。

但是法律对流质条款效力的否定仅及于该条款自身。《股权质押协议》中的流质条款无效，并不会影响《股权质押协议》本身的效力，更加不会影响到主债权债务合同的效力。因此在本案中，法院虽然认定了相关条款属于流质条款，但并未以此否认《股权质押协议》的有效性。

此外,即便双方约定的流质条款无效,但是股权质押经登记已经有效设立,债权人仍可就质押物在债务范围内优先受偿。本案中因王某清偿部分债务,刘某依《股权质押协议》向法院主张全部质押股权,显然无法得到法院的支持。刘某仅得在王某剩余未偿还债务范围内,就相应价值的股权主张优先受偿。

三、专家建议

因流质条款无效,债权人债务人双方在质押协议中应避免做出质物所有权直接归属于质权人所有的约定。质押协议中约定流质条款的,流质条款无效,但是不影响质押的效力。质权有效设定后,如出质人未能履行清偿债务,质权人仍然可以依法向法院提起诉讼,要求对质押的股权进行处置,用以清偿债务。当然,双方协商一致,将相应股权份额转让并将转让所得价款用于清偿债务,也是一种质权实现途径。

四、关联法条

《中华人民共和国民法典》第四百四十条、第四百四十三条、第四百二十八条。

三、留置权纠纷

关于留置权的那些事儿

生活中，你是否会遇到这些情况呢？比如有偿替对方保管物品，对方迟迟不支付仓储费？帮别人修理完东西，对方迟迟不支付修理费？遇到类似的情况，我们是否享有法律上的"留置权"？我们能否将留置的物品拍卖、变卖优先受偿？如拍卖、变卖该留置物品后仍不足以清偿留置人的债务，那留置权人应该怎么办？

一、案例简介

（一）基本案情

2016年6月1日，甲乙双方签订《物流服务合同》。双方约定：由甲为乙提供国际运输、海关报关、仓储等物流服务；乙向甲支付服务费用并约定了结算方式。甲有权按季对《物流服务收费标准》作出调整，该等调整自甲以传真方式向乙发出变更通知后即行生效，自执行之日起按新收费标准执行。

2017年6月5日，甲向乙发送电子邮件，要求乙确认2017年5月份的费用且提请乙注意合同已到期，并将2017年的合同和更新的报价作为邮件附件，请乙予以确认并签字盖章。2017年6月23日，乙回复上述电子邮件，表示对2017年5月份的费用及更新的合同与报价均无异议。

但自2017年5月起,乙就未再向甲支付仓储费用,甲于2019年11月26日向乙寄送《催告函》,载明:乙委托甲储存乙的意大利进口瓷砖于甲上海市外高桥保税区5号门××路××号××号仓库。自2017年5月1日起至2019年10月31日止,上述货物项下已产生仓储服务费共计275745.39元,且均已严重超过付款期限。虽经甲多次催讨,上述费用乙至今仍未予支付,甲只能留置上述货物,请乙在收悉《催告函》两个月内将未付之仓储服务费等费用支付到甲指定账号。如乙未能在《催告函》确定的期限内付款,甲将采取进一步法律行动,包括但不限于对上述留置物进行依法拍卖、变卖等处理。届时,除要求乙承担上述金额及其利息外,所有甲因采取法律行动而产生的费用,包括但不限于诉讼费、律师费和调查费等,也将由乙承担,但最终沟通未果,甲遂诉至法院。[①]

(二)法院裁决

一审法院认为:债务人不履行到期债务,债权人可以留置已经合法占有的债务人的动产,并有权就该动产优先受偿。故判令乙向甲支付自2017年5月1日起至2021年1月31日止的仓储费及逾期付款利息损失、自2021年2月1日起至货物实际搬离仓库之日止的仓储费;甲对乙现存于甲处的仓储物享有留置权,如乙未履行判决义务,则甲可以与乙协议,以留置的仓储物折价,或者申请以拍卖、变卖该留置仓储物所得价款优先受偿,该留置仓储物折价或者拍卖、变卖后,其价款超过债权数额的部分归乙所有,不足部分由乙继续清偿,驳回了甲的其余诉讼请求。

---

① 详可参见(2021)沪0115民初18195号民事判决书。

二、以案说法

（一）留置权的认定

留置权是一种法定担保物权，只有在符合法律规定的下列条件时，债权人才能取得留置权：（1）留置的标的物须为动产。（2）须债权人合法占有债务人的动产。这种占有的原因通常是合法的合同行为，不能非法占有债务人的动产。（3）须债权已届清偿期。（4）债权人留置的动产，应当与债权属于同一法律关系，但企业之间留置的除外。留置的标的物必须与债权属于同一法律关系，即债权人的债权必须是基于所留置的动产而产生的。比如，保管人基于对保管费的请求权而对所保管的物有留置权，但留置人如另欠保管人的借款，则为另一法律关系，其发生与所保管的物品无关，不得以借款未还为由留置保管的物品。

关于留置权的行使，应注意法律关于宽限期即留置财产后的债务履行期间的规定。《中华人民共和国民法典》（以下简称《民法典》）第四百五十三条规定："留置权人与债务人应当约定留置财产后的债务履行期限；没有约定或者约定不明确的，留置权人应当给债务人六十日以上履行债务的期限，但是鲜活易腐等不易保管的动产除外。债务人逾期未履行的，留置权人可以与债务人协议以留置财产折价，也可以就拍卖、变卖留置财产所得的价款优先受偿。"留置财产折价或者变卖的，应当参照市场价格。

（二）本案争议焦点

本案的争议焦点是甲作为保管人对乙现存于甲处的货物是否享有留置权，如甲拍卖该批货物所得价款不足以清偿乙的债务，乙是否负有继续清偿的义务。

就本案而言，甲乙双方签订的《物流服务合同》系当事人的真实意思表示，内容于法不悖，双方均应恪守。甲已按约履行仓储义务，乙理应按约支付仓储费用。《物流服务合同》约定合同可经双方书面同意予以延期，且甲调整收费无需乙同意，向乙发出变更通知后即行生效。乙自支付了2017年3月、4月仓储费后未再支付仓储费，合同期限届满后亦未提取货物，显属违约，乙应承担相应的民事责任。

根据《民法典》的相关规定，债务人不履行到期债务，债权人可以留置已经合法占有的债务人的动产，并有权就该动产优先受偿。存货人未按照约定支付仓储费以及其他费用的，保管人对仓储物享有留置权。乙欠付仓储费至今未付，甲作为保管人对乙现存于甲仓库中的货物依法享有留置权且与乙方协商如将该留置仓储物折价或者拍卖、变卖后不足以偿还甲的仓储服务费的，不足部分由乙继续清偿。

三、专家建议

生活中并不是所有的物品都能行使留置权随意进行留置，行使留置权应同时具备法律上的几个条件。《民法典》对于留置权的规定，有利于对债权人利益的保护，当债务人不偿还所欠欠款时，可以将留置的物品进行拍卖变卖得以救济。在民事活动中，若认为自己的合法权益受到侵害，应当理性选择与对方协商、到基层调解组织调解或者提起诉讼等方式进行维权。切记不可非法扣押他人财产来实现债权，否则将可能构成侵权，触犯法律红线。

四、关联法条

《中华人民共和国民法典》第四百四十七条、第四百四十八条、第四百五十三条、第四百五十五条。

留置权人保管不善造成损失需予以赔偿

留置权是经济生活中较为普遍存在的一种担保形式。留置权设定的目的在于维护公平原则，督促债务人及时履行义务。法律赋予了留置权人为了保证自己合法权益的实现留置债务人财产的权利，留置权人在留置财产保障自己权利的同时，随之而来的就是留置权人的妥善保管义务。留置权人留置债务人的动产时，不应超出合理限度且须妥善保管留置财产，因保管不善致使留置财产毁损、灭失的，应当承担赔偿责任。

一、案例简介

（一）基本案情

2019年9月25日，甲公司（甲方）与乙公司（乙方）签订《仓储配送服务合同》，合同主要内容为：乙方接受甲方仓储配送服务委托，乙方为甲方提供仓储、配送操作服务。本合同有效期自2019年8月30日至2020年8月29日，本合同期满前三十日任一方未书面向对方提出异议的，合同自动续签一年，以此类推。甲方通过指定的管理平台向乙方下达仓储管理服务需求并经乙方接受后，乙方有权按相应的服务项目向甲方进行收费，需求状态以丙方系统记录为准。因乙方的原因造成甲方商品毁损、灭失、错发、多发、漏发、延迟（发货/揽件/中转）等均按约定的赔偿标准向甲方完成赔偿，由甲方对乙方的应对账款中直接抵扣。甲乙双方须于每月10日前完成上月账单确认，账单确认后5日内以汇款的形式向乙方付清上月款项。否则甲方应每迟延一日向乙方交纳费用万分之五的违约金。如果甲方不按期支付相关费用，在乙方向甲方发出催付通知30天后，甲方仍不支付，又没有提供适当担保，乙方有权依法留置存放的货物，以该批货物折价以拍卖、变卖该批货物的价款优先受偿等。后双方因对账等事宜发生争议，甲公司起诉要求解除与乙公司签署的《仓储配送服务合同》，并要求乙公司支付留置货物期间造成的货物损失；乙公司提起反诉，要求甲公司立即支付拖欠的服务费及有权留置存放在乙公司仓库中的货物，并以拍卖、变卖该批货物的价款优先受偿甲公司拖欠乙公司的款项。①

（二）法院裁决

1. 一审判决

一审法院判决：乙公司赔偿甲公司货物损失30027.85元，甲公司向乙公司支付服务费282224.91元并支付违约金（以282224.91元为基数，自2021年2月5日起至付清款日止，按同期全国银行间同业拆借中心公布的同类贷款市场报价利率的2倍计算）；驳回甲公司的其他诉讼请求及乙公司的其他反诉请求。

2. 二审判决

一审宣判后，甲公司与乙公司均在上诉期内提起上诉，但二审法院认为甲公司与乙公司的上诉请求均不能成立，维持了一审法院的判决。

二、以案说法

本案的争议焦点主要有两个：（一）甲公司是否应向乙公司支

---

① 详可参见（2023）粤01民终8059号民事判决书。

付服务费及相应违约金；（二）乙公司应否向甲公司赔偿货物损失。

（一）甲公司是否应向乙公司支付服务费和违约金

就本案查明的微信聊天记录来看，乙公司已经多次将账单发送给甲公司，在甲公司提出有取消订单、工厂代发等问题时，乙公司已经及时回应，表示没有计算取消的订单、工厂代发的订单、没有重复，该减的都减了，甲公司对于某某订单也经核实无误等均反映了双方核对账目明细的过程。根据双方《仓储配送服务合同》约定，双方须于每月10日前完成上月账单确认，账单确认后5日内付清上月款项。在乙公司发送账单后，甲公司如有异议，应当及时核算并向乙公司提出，否则即使甲公司认为乙公司未进行结算，责任亦应由甲公司自行承担。乙公司已经多次提出结算要求，甲公司在合理期间内对乙公司发送的账单并未提出具体的异议，那么乙公司的举证责任就已经完成。在甲公司未提交足以反驳的相反证据的情况下，乙公司主张的甲公司欠款及违约金应获得支持，也符合证据规则的规定。

（二）乙公司是否应向甲公司赔偿货物损失

留置权人对于留置财产负有保管义务，在保管不善的前提条件下需承担赔偿责任。保管不善指的是存在应当注意而没有注意或者认为可以避免的过失。如果留置财产的损失不是因为留置权人的过失造成的，留置权人不需要承担责任。对于留置财产期间留置权人的行为是否存在过错的事实，鉴于财产在留置权人处，所以应该由留置权人进行举证证明。如果不能证明，就推定留置权人保管不善，应该根据《中华人民共和国民法典》第四百五十一条由留置权人承担赔偿责任。

结合本案，甲公司欠乙公司服务费未付，乙公司因此拒绝甲公司提货，是其合法行使权利的行为，乙公司行使留置权导致的货物过期的后果应由甲公司自行承担，且乙公司在催款过程中已经就部分货物即将到期的问题尽到合理的提示义务，因此对过期货物乙公司不负赔偿义务。但关于甲公司主张的其他货物损失，根据庭审中查明的事实可以确认，2021年6月8日，甲乙公司工作人员曾微信发送库存数量并明确库存无问题，甲公司计算损失的数量是货物接收统计表上库存数量减去双方交接数量等于乙公司未妥善保存的、丢失的货物数量，且甲公司提供了证据证明其主张的单价，因此，对甲公司主张该部分损失（乙公司未妥善保存的、丢失的货物），应予以支持。

三、专家建议

留置权人应尽到善良管理人之注意义务，妥善保管留置物。留置权人对保管未予以善良管理人之注意的，即为保管不善，因此导致致留置物毁损、灭失的，应承担赔偿责任。留置权人于占有留置物期间是否尽了必要的注意，其采取的措施是否得当，对留置物的损失是否有过错，应由留置权人负举证责任。所以，留置权人在留置财产时应当尽到善良管理人的义务，即应当妥善保管好留置财产，同时保存好相应的证据。可以采取视频拍摄的方式留存证据，如有必要可以对相应留置行为进行公证。

四、关联法条

《中华人民共和国民法典》第四百四十七条、第四百四十八条、第四百五十条、第四百五十三条、第四百五十四条、第四百五十七条。

四、非典型担保纠纷

以所有权保留方式购买车辆如何认定

所有权保留买卖合同是一种特殊的商品交易形式,在这种合同中,卖方在交付商品的同时保留对该商品的所有权,直到买方支付完全部的购买价款。这种安排允许卖方在买方未能履行付款义务时,可以收回商品,以减少其潜在的损失。由于其所有权保留上的特殊性,故在签订合同时要更为谨慎。

一、案例简介

(一)基本案情

邢某经人介绍向北京某公司和迟某购买车辆,邢某于2021年11月23日、2021年11月27日、2021年11月30日,分三次向北京某公司和迟某支付首付款共计4.1万元,但对方并未提供合适的车辆,邢某不再想购买车辆,多次要求退回购车款,某公司和迟某以各种理由推脱,故提起诉讼,请求解除双方的买卖合同关系,返还购车款4.1万元,并承担逾期退款给邢某造成的损失。

(二)法院裁决

法院认为,当事人协商一致,可以解除合同。合同解除后,尚未履行的,终止履行;已经履行的,根据履行情况和合同性质,当事人可以要求恢复原状、采取其他补救措施、并有权要求赔偿损失。当事人对自己提出的诉讼请求所依据的事实有责任提供证据加以证明。没有证据或者证据不足以证明当事人的事实主张的，由负有举证责任的当事人承担不利后果。被告辩称车辆已交付并投入使用，购车款已返还，但并没有明确证据明确支持，判决解除邢某与某公司、迟某之间的买卖合同关系、被告某公司及迟某共返还原告购车款4.1万元，驳回邢某的其他诉讼请求。[1]

二、以案说法

（一）所有权保留的含义

所有权保留意为在买卖合同中，买受人先占有、使用买卖标的物，但在双方约定的特定条件，如价金的一部分或全部清偿成就前，出卖人仍保留标的物所有权，条件成就后，标的物所有权始移转与买受人。常见的形式如分期付款。《中华人民共和国民法典》规定，当事人可以在买卖合同中约定买受人未履行支付价款或者其他义务的，标的物的所有权属于出卖人。出卖人对标的物保留的所有权，未经登记，不得对抗善意第三人。当事人约定出卖人保留合同标的物的所有权，在标的物所有权转移前，买受人有下列情形之一，造成出卖人损害的，除当事人另有约定外，出卖人有权取回标的物：（一）未按照约定支付价款，经催告后在合理期限内仍未支付；（二）未按照约定完成特定条件；（三）将标的物出卖、出质或者作出其他不当处分。出卖人可以与买受人协商取回标的物；协商不成的，可以参照适用担保物权的实现程序。本案中，要证明是否为所有权保留合同需提供充足的证据，如无

---

[1] 详可参见（2022）京0112民初20122号民事判决。

充足的证据则无法支持合同属性为所有权保留的主张。

（二）合同的解除

在有约定的情况下，双方可以依据事先约定的理由解除合同，也可以协商一致解除合同。有下列情形之一的，当事人可以解除合同：(一)因不可抗力致使不能实现合同目的；(二)在履行期限届满前，当事人一方明确表示或者以自己的行为表明不履行主要债务；(三)当事人一方迟延履行主要债务，经催告后在合理期限内仍未履行；(四)当事人一方迟延履行债务或者有其他违约行为致使不能实现合同目的；(五)法律规定的其他情形。以持续履行的债务为内容的不定期合同，当事人可以随时解除合同，但是应当在合理期限之前通知对方。合同解除后，当事人可以请求违约或有过错的相对方承担赔偿责任。本案中，双方协商达成一致解除合同，合同解除后，邢某有权请求二被告返还4.1万元的购车款。

三、专家建议

双方订立所有权保留合同时，要注意保留证据证明，明确约定所有权保留的范围，明确约定行使保留的所有权后的事宜，买方在约定的合理时间内进行支付，以保证能够按照约定取得物的最终所有权，在未取得所有权时，对标的物的使用应更加谨慎，避免将标的物出卖、出质或造成其他形式的损害。如双方协商一致解除合同，则应注意保存合同相对方违约的证据，请求违约方承担违约责任。

四、关联法条

《中华人民共和国民法典》第五百六十二条、第五百六十六条、第六百四十一条、第六百四十二条。

用让与房屋作担保的买卖合同无效

债务人将自己名下房屋过户给债权人,以此担保自己能够清偿债务,在债务清偿后,债权人将房子过回给债务人的担保形式,是让与担保。让与担保在民间融资活动中被广泛使用,但法律并未明确规定让与担保制度,实务中认可让与担保的"担保"权,否定"让与"房屋的买卖合同效力。

一、案例简介

(一)基本案情

韩某某系上海市闵行区某房屋(以下简称闵行房屋)的产权人。徐某某系韩某某的次子,徐某某欠付黄某某40余万元债务。韩某某为替徐某某还款,于2015年7月21日与黄某某签订《上海市房地产买卖合同》,约定徐某某将闵行房屋以60万元价格出售给黄某某,并在2015年10月20日之前完成过户,但没有约定交房与付款时间。后黄某某未支付韩某某60万元房价款,但黄某某办理了房屋产权登记。该房屋过户后,韩某某与其次子徐某某仍在房屋内居住。

2015年8月17日,黄某某与韩某某签订《承诺书》,载明韩某某将案涉房屋暂时以抵押的形式过户至黄某某名下,黄某某拿出404200元暂借给韩某某用于替其子徐某某偿还其所欠债务,所借款项黄某某按银行利率计息,在所借款项连本带利全额还清之后，黄某某将其名下的案涉房屋过户归还给韩某某。《承诺书》末端有甲方黄某某、乙方韩某某、徐某某签字。

2019年4月17日，黄某某与郭某某签订《上海市房地产买卖合同》，约定将案涉房屋以122万元的价格出售，在2019年6月20日前申请办理过户。2019年5月30日，案涉房屋登记在郭某某名下。2019年6月10日，黄某某从银行转账给韩某某20万元。

2019年7月，韩某某诉至法院，要求确认于2015年7月21日与黄某某签订的《上海市房地产买卖合同》无效；并判令黄某某赔偿原告损失102万元。[1]

（二）法院裁决

1. 一审裁判

一审法院认为，韩某某与黄某某签订的《上海市房地产买卖合同》在先，签订《承诺书》在后，其内容未成立韩某某与黄某某之间抵押合同关系，故韩某某要求确认《上海市房地产买卖合同》无效，不符合法律规定，要求赔偿102万元无合同依据。一审法院驳回了韩某某的诉讼请求。宣判后，韩某某提起上诉。

2. 终审判决

二审法院认为，案涉房屋产权虽过户到了黄某某名下，但韩某某仍继续居住，且黄某某未实际支付60万元房款。通过《承诺书》载明的内容可见，双方并非真正的房屋产权交易行为，而是让与担保行为。因为在签订时不存在房屋买卖的意思表示，所以《上海市房地产买卖合同》应属无效；案涉房屋完成了过户，不存在"流押"问题，韩某某亦认可让与担保合意效力，故隐藏的让与担保行为应属有效。黄某某可以根据《承诺书》的约定，

---

[1] 详可参见（2020）沪01民终3375号民事判决书。

就 122 万元的售房款项主张对其担保债权进行优先受偿，但对于超出债务本息范围的剩余款项，应返还韩某某。二审法院撤销了一审判决，改判韩某某与黄某某签订的《上海市房地产买卖合同》无效，黄某某向韩某某返还 539334 元。

二审法院判决后，黄某某申请再审，被上海市第二中级人民法院裁定驳回再审申请。

二、以案说法

本案争议焦点是关于案涉房屋达成的合同关系的法律性质应当如何认定，以及房屋出售的款项应当如何结算。

（一）让与担保的认定

让与担保属于"其他具有担保功能"的担保。通常认为，让与担保是指债务人或第三人为担保债务人的债务，与债权人约定，将担保物的所有权转移至债权人名下，债权人在不超过担保目的的范围内取得担保物的财产权，如果债务人或第三人在期满前清偿债务，债权人返还担保物；如果到期未清偿，债权人有权就担保物折价或拍卖、变卖所得价款优先受偿。本案中，黄某某和韩某某先后签订了《上海市房地产买卖合同》和《承诺书》。买卖合同中没有约定付款和交房的时间，黄某某未支付约定房款，韩某某仍继续居住在闵行房屋。而且，《承诺书》载明了韩某某向黄某某借款 404200 元用于替徐某某还债，按银行利率计息，如果韩某某后续能够归还该笔借款本金及相应利息，则黄某某应当将案涉房屋归还过户给韩某某。所以，案涉房屋的买卖并非真正的交易行为，黄某某和韩某某间实质是以借款合同关系为基础，约定将案涉房屋形式上转让至黄某某名下作为债务履行的担保物，韩某某到期清偿债务，则黄某某应当将案涉房屋返还给韩某某的让与担保行为。

（二）让与担保的清算

让与担保是一种非典型担保，不动产让与担保应参照不动产抵押的相关规定，动产让与担保应参照动产质押的相关规定，在没有约定的清算方法时，可以参照法律相关"流押""流质"的规定，认定债权人对担保财产享有优先受偿权。债务人不履行到期债务时，债权人可以请求参照关于担保物权的规定对担保财产折价或者以拍卖、变卖该财产所得的价款优先受偿；债务人可以在履行债务后请求返还财产，或者请求对财产折价或者以拍卖、变卖所得的价款清偿债务。本案中，黄某某和韩某某并未就售房款项与担保债权的结算达成一致，所以法院认定黄某某可以根据《承诺书》的约定，对闵行房屋担保的债权进行优先受偿，并将超出债务本息范围的闵行房屋变卖后剩余房款返还韩某某。

三、专家建议

让与担保在民商事活动中被广泛使用，常被"让与"的财产为房产和股权，但其实《中华人民共和国民法典》中没有明确规定让与担保制度，《最高人民法院关于适用〈中华人民共和国民法典〉有关担保制度的解释》第六十八条，被认为是对让与担保的认定及权利实现程序的规定。在实务中对于让与担保的性质认定是一个比较困难的问题，如果债务人或者第三人的证据不足以支撑主张让与担保关系的话，将很难否定"让与"合同的效力，债权人将取得担保物的所有权，如本案中如果不能认定为让与担保关系，则韩某某很难要回50余万元的剩余购房款。建议债务人或第三人慎用让与担保，对于已经使用这种担保形式的，要审查好是否符合让与担保的基本构成，并留存好相关证据，避免产生纠纷时，让与担保的法律关系被否定。

四、关联法条

《中华人民共和国民法典》第一百四十六条、第三百八十八条、第四百零一条、第四百二十八条；

《最高人民法院关于适用〈中华人民共和国民法典〉有关担保制度的解释》第六十八条。

股权可以让与担保

"让与担保"是一种常见的"非典型"担保方式。在我国的民法体系中，不仅已经废止的《担保法》和《物权法》未对让与担保做出规定，现行有效的《中华人民共和国民法典》（以下简称《民法典》）也并未直接提及让与担保。但这并不影响其作为一种重要的担保方式出现在我们的社会经济活动中。实务中，让与担保常与股权质押中的流质条款相混淆。

一、案例简介

（一）基本案情

胡某系A公司股东，与侯某相识，侯某告知胡某近期将有血光之灾，最好到某寺院修行3年。同时，A公司由于贷款即将到期无力偿还，需办理新的贷款用于偿还旧贷款，因找不到合适的担保人，胡某遂请侯某做贷款担保人。侯某表示同意，但提出需保证自身不能有风险，二人遂协商将A公司股权部分变更至侯某名下，作为保证人被追责的反担保。后双方办理了股权变更登记，将A公司70%股份变更至侯某名下，侯某亦依约为A公司银行贷款做了保证人。

胡某在寺院"修行"期间，A公司状况持续恶化，胡某认为自己被骗，遂与侯某交恶。后胡某向法院提起诉讼，要求法院确认侯某名下70%的A公司股份归自己所有，并判令将股权变更至自己名下。侯某辩称，因胡某未能归还A公司贷款，导致自己被另案判决为A公司贷款承担连带清偿责任。股权变更系以让与担保形式为侯某保证责任设立之反担保措施，在胡某未还清贷款、侯某保证责任未能免除前提下，胡某无权要求将侯某名下股权变更。

（二）法院裁决

法院经审理认为，第三人为债务人向债权人提供担保的，可要求债务人提供反担保。侯某持有A公司70%股权实际上是A公司提供的反担保，反担保的方式为股权让与担保。股权让与担保作为一种权利转移性担保，必须将股权登记在担保权人的名下即按照公示原则进行公示。因此，将股权登记在侯某名下系案涉反担保的实现的方式，双方的股权让与担保法律关系，系双方当事人真实意思表示，不违反法律的强制性规定，应认定为有效。在A公司贷款未清偿的情况下，胡某要求将股权变更至其名下，法院不予支持。

二、以案说法

本案争议的焦点在于胡某能否取回股权，而解决这一问题的前提是股权让与担保合同是否有效。

《民法典》第三百八十八条第一款规定："设立担保物权，应当依照本法和其他法律的规定订立担保合同。担保合同包括抵押合同、质押合同和其他具有担保功能的合同。担保合同是主债权债务合同的从合同。主债权债务合同无效的，担保合同无效，但是法律另有规定的除外。"其中"其他具有担保功能的合同"，大大扩张了经济交往中当事人可以采用的担保方式，使包括让与担保在内的非典型性担保在我国经济活动中取得了"法律地位"。

虽然在法学理论界对让与担保仍存在较多争论，但类似本案的让与担保已经广泛存在于经济交往中，因此有必要对让与担保在我国社会经济活动中的应用和司法实务的态度做一简单了解。

让与担保需要转让担保物的所有权于债权人，因此与流押、流质的概念容易混淆，甚至在以往的司法判例中，亦存在将让与担保问题做为流质问题进行解决的情况，即否定变更所有权的效力，认可债权人基于担保物优先受偿的权利。

《全国法院民商事审判工作会议纪要》（法〔2019〕254号）中首次使用"让与担保"的概念，此后的民商事判决中，越来越多地直接出现了"让与担保"。虽然直接使用了"让与担保"概念，但是无论从《民法典》的相关规定，抑或从各地司法判决来看，让与担保目前仍是着重解决"担保"问题而非"让与"问题。流质条款是指在债务人无法偿还债务时，债权人直接依约定取得质物所有权，此种条款在法律上无效。而本案中的让与担保，仅是认可了股权在变更登记之后的占有状态，即债权人可通过对案涉股权的合法占有来实现其对债权的担保。

在本案例中，法院以让与担保有效为由直接驳回了胡某要回股权的诉请，支持了让与担保中担保物的移转。实际上，即便股权登记在侯某名下，侯某也不能行使全部的股东权利，特别是涉及公司经营的决策行为。因为胡某让与股权的目的仅仅是为了担保债权的实现，对于侯某而言，只能在实现自身债权这一需求下，通过担保物权的实现方式处理股权。

三、专家建议

实务中，股权让与担保经常出现在企业间的借贷关系中。近年来，国家对民间借贷政策的收紧，从某种意义上也增加了股权让与担保的使用。公司债权人经常会以债务人公司股权设定担保，并要求将一定比例的股权变更至债权人名下。这种做法对保障债权实现具有一定的意义：一方面掌握了一定比例的公司股权，在一定程度上可以防止债务人滥用股东身份在公司经营活动中逃避债务；另一方面也便于债权人申请通过股权拍卖或折抵方式实现对债务的清偿。从目前的司法实践上看，我国法律对让与担保的承认，更多的是出于保障债权人对担保物的优先受偿权，因此在设定担保时，不宜直接约定债务人无法履行到期债务则股权归债权人所有的条款，可以约定通过对股权拍卖、变卖或折价方式实现债权。

四、关联法条

《中华人民共和国民法典》第三百八十八条第一款；

《最高人民法院关于适用〈中华人民共和国民法典〉合同编通则若干问题的解释》第二十八条；

《最高人民法院关于适用〈中华人民共和国民法典〉有关担保制度的解释》第六十八条。

第四篇　占有保护纠纷化解

房屋被侵占如何维权

人们花费大半生积蓄购买一套住宅，对其十分重视和珍惜，但是当某一天发现视若珍宝的房屋被他人侵占时，我们该如何维权？当占有人认为自己属于有权占有时，我们又该如何反驳？当占有人将房屋转让给第三方占有时，所有权人是否能够追回自己的房屋？

一、案例简介

（一）基本案情

原告汪某某拥有位于荆门市某区的房屋，该房屋第一次登记的时间为2010年9月19日。后来原告汪某某以原房产证和土地使用权证丢失为由，申请重新登记，不动产登记部门的工作人员于2021年4月30日为其办理了新的不动产权证。

案外第三人曾某某是汪某某的嫂子，2010年7月案涉房屋由案外第三人曾某某及其子女居住。2016年初，曾某某因赌博向案外人张某（2023年7月初亡故）借钱，后来因为没有能够及时偿还，于是曾某某就将其居住的案涉房屋原房产证和土地使用权证交给张某作还款抵押（未办理抵押登记），案涉房屋也由张某占有使用至2023年7月。张某生前与本案被告刘某共同居住于案涉房屋。张某死亡后，案涉房屋至今仍由被告刘某占用并使用。为此，汪某某诉至一审法院，要求刘某返还案涉房屋，并要求其自2023

年7月起至返还之日止向其支付案涉房屋的使用费。但被告刘某认为本案是因曾某某将合法占有使用的案涉房屋抵押并实际交由张某占有使用,是否办理抵押权登记只会影响抵押权是否成立以及抵押权能否对抗案外第三人的法律后果,但并不影响张某合法有权取得案涉房屋占有使用权利。同理,张某将合法占有使用的案涉房屋抵押并实际交由被告刘某占有使用,刘某亦属于对案涉房屋的合法有权占有。①

(二)法院裁决

1. 一审判决

一审法院认为基于登记的公示效力,汪某某才是案涉房屋的所有权人,曾某某并非案涉房屋登记的所有权人,被告虽然认为案涉房屋实际上是曾某某借名购买,登记在汪某某名下,但其无任何证据证明,那么曾某某无论基于何种性质的法律关系占有该房屋,根据法律规定其也只能属于有权占有。所谓占有,依法只能对占有物享有占有、使用和收益等权利,并无处分权。故曾某处分房屋的行为为无权处分,张某对案涉房屋的占有为无权占有。基于此,现张某死后,刘某仍居住在案涉房屋,亦属于无权占有。综上,汪某某请求刘某腾退案涉房屋符合法律规定。故法院判决被告向原告返还案涉房屋。

2. 终审判决

二审法院认为曾某某并非案涉房屋所有权人,其将房屋交给张某,属无权处分,张某将房屋交给刘某,亦属无权处分。刘某占有案涉房屋,与房屋所有权人汪某某并无任何正当法律关系,为无权占有。所以房屋所有权人汪某某要求刘某返还案涉房屋,

---

① 详可参见(2023)鄂08民终1741号民事判决书。

符合法律规定，应予支持。

二、以案说法

本案的争议焦点是刘某现占有案涉房屋是否属于有权占用。想要回答这个问题就要明白有权占有与无权占有的区分标准以及有权占有人的权利内容。

有权占有和无权占有是占有的一种分类，根据占有发生的法律关系不同，占有可以分为有权占有和无权占有。有权占有主要是指基于合同等债的关系而产生的占有；无权占有则主要发生在占有人对不动产或者动产的占有无正当法律关系，或者原法律关系被撤销或者无效时占有人对占有物的占有，比如误将他人之物认为己有或者借用他人之物到期不还等。占有人与所有权人的权利内容不同，所有权人对自己的不动产或者动产，依法享有占有、使用、收益和处分的权利。占有就是对于财产的实际管领或控制，拥有一个物的一般前提就是占有，这是财产所有者直接行使所有权的表现。所有人的占有受法律保护，不得非法侵犯。使用是指权利主体对财产的运用，发挥财产的使用价值。所有权人可以自己使用，也可以授权他人使用。收益是通过财产的占有、使用等方式取得的经济效益。使用并获益是拥有物的目的之一。收益也包括孳息，孳息分为天然孳息和法定孳息。处分是指财产所有人对其财产在事实上和法律上的最终处置。处分权一般由所有权人行使。处分权是指决定财产事实上和法律上的命运的权能。包括事实上的处分和法律上的处分两种形式。但是占有人依法只能对占有物享有占有、使用和收益等的权利，并无处分权。如果无权占有人占有了他人的不动产或者动产，权利人可以请求返还原物及其孳息。

本案中案涉房屋登记的所有权人为汪某某,根据法律规定,不动产物权的设立、变更、转让和消灭,依照法律规定应当登记的,自记载于不动产登记簿时发生效力。本案中不动产登记簿记载的权利人为汪某某,具有公示效力,能够对抗第三人。汪某某为所有权人,即使曾某某持有原房产证和土地使用权,仍然不得成为所有权人,其处分房屋的行为为无权处分。再者,汪某某将房屋交给嫂子曾某某居住,二人之间形成了房屋租赁或借用法律关系,曾某某属于基于合同关系的有权占有。而占有人依法只能对占有物享有占有、使用和收益等权利,并无处分权。后来曾某某在其占有案涉房屋期间,因举债而将案涉房屋交予张某占有即作形式上的抵押,实际上是对案涉房屋行使的是一种处分权,该处分行为依法无效。张某将房屋交给刘某,亦属无权处分,因此,刘某对于案涉房屋属于无权占有,权利人汪某某可以请求刘某返还原物。

三、专家建议

房屋属于不动产,因此房屋的所有与占有、使用经常分开。不仅房屋,基于合同等的财产占有关系在当下社会越来越普遍,因此区别无权占有和有权占有的意义重大。实践中,根据证据与认定的事实来确定占有属于无权占有还是有权占有进而开展权利保护。此外当物权受到侵害时,权利人可以通过和解、调解、仲裁、诉讼等途径解决。

四、关联法条

《中华人民共和国民法典》第二百零九条、第二百四十条、第二百三十五条、第三百一十一条、第四百五十八条、第四百六十条。

车位被他人占用如何维权

随着我国居民汽车保有量不断增加，停车位"一位难求"的状况正愈演愈烈，越来越多人为自己的爱车购买或者租用地下车库。地下车库作为房地产公司开发并销售的产物，其出售价格很高，并且通常没有产权证，因此经常会出现占用纠纷，占用他人车位的问题屡见不鲜。面对车位被占用，过激的行为解决不了问题，甚至可能会触犯法律，我们应该做的是采取正当的法律手段维护自己的合法权益。

一、案例简介

（一）基本案情

自从 2021 年 9 月 8 日开始孙某无正当理由强行占有林某合法取得使用权的 8 号固定车位，林某多次告知孙某将汽车驶离其拥有的车位，甚至通过放置障碍物的方式阻拦孙某占用车位，但是孙某认为所争议的车位应当认定为业主共有，林某并没有与物业签订车位租赁协议，该车位不应该被认为属于林某占有，故孙某不停止其侵权行为。为此，林某向山东青岛市某区法院起诉，要求确认自己享有案涉车位使用权。并要求判令孙某停止侵害，将车辆移出林某租赁车位，将车位使用权返还给自己。被告孙某不同意原告林某的诉讼请求,请求法院予以驳回。①

(二)法院裁决

1. 一审判决

一审法院根据涉案小区的建设工程规划许可证及竣工验收相关材料,认定本案诉争的车位是经建设主管部门批准,属建筑规划内规划用于停放汽车的车位,并未占用小区道路、绿地及其他公共场所,不应当认定为业主共有,即被告孙某无权占有该诉争车位。物业公司通过出租的方式将诉争车位租赁给原告林某,原告林某即可取得该诉争车位的使用权。判决被告孙某将案涉车位的使用权返还给原告林某。

2. 终审判决

二审法院认为,本案系占有排除妨害纠纷。被上诉人与该小区物业公司签订《某某区固定车位使用协议》并缴纳车位费,从而取得该车位的使用权。上诉人未经允许占用该车位,一审判决其承担返还该车位使用权的义务并无不当。上诉人所主张的小区车位租赁方式侵犯其权利问题,非本案审理范畴,驳回上诉,维持原判。

二、以案说法

这则案例争议的核心问题是案涉车位是否属于业主共有?

共有是指某项财产同时属于两个或两个以上的人所有的民事法律关系。共有分为按份共有和共同共有。按份共有,顾名思义,是指共有人按照协议所签订的份额,对自己的那部分份额拥有产权,并按照份额承担义务;而共同共有则是指共同共有人对

---

① 详可参见(2022)鲁02民终17042号民事判决书。

共有的不动产或者动产共同享有所有权,共有人不能私自处置共有物,必须得到其他所有共有人同意。本案中所指的共同共有是指以区分所有建筑物的共用部分为标的物,全体业主共同享有的不可分割的共同共有权。根据《中华人民共和国民法典》(以下简称《民法典》)规定,建筑区划内的道路,属于业主共有,但是属于城镇公共道路的除外。建筑区划内的绿地,属于业主共有,但是属于城镇公共绿地或者明示属于个人的除外。建筑区划内的其他公共场所、公用设施和物业服务用房,属于业主共有。由此可见共有部分的一般范围包括:建筑物的基本构造部分,如支柱、屋顶、外墙、地下室等;建筑物的共用部分及其附属物,如楼梯、消防设备、走廊、水塔、自来水管道、暖气管道等,以及仅为部分业主所共有的部分,如各层楼之间的楼板、间壁墙等。第二百七十五条规定,建筑区划内,规划用于停放汽车的车位、车库的归属,由当事人通过出售、附赠或者出租等方式约定。占用业主共有的道路或者其他场地用于停放汽车的车位,属于业主共有。《最高人民法院关于审理建筑物区分所有权纠纷案件具体应用法律若干问题的解释》第六条规定,建筑区划内在规划用于停放汽车的车位之外,占用业主共有道路或者其他场地增设的车位,应当认定为《民法典》第二百七十五条第二款所称的车位。

本案中,根据涉案小区的建设工程规划许可证及竣工验收相关材料,可以认定本案诉争的车位是经建设主管部门批准,属建筑规划内规划用于停放汽车的车位,并未占用小区道路、绿地及其他公共场所,不符合《最高人民法院关于审理建筑物区分所有权纠纷案件具体应用法律若干问题的解释》第六条的规定,本案所争议的车位不应当认定为业主共有。一审法院、二审法院对此均坚持相同的观点,并作出了相同的认定。因此,本案中林某享有车位的使用权,孙某无权对该车位占有、使用,应将案涉车位返还给林某。

三、专家建议

面对车位被占用的情形,过激的行为解决不了问题,甚至可能会触犯法律,我们应该做的是采取正当的手段维护自己的合法权益。除了联系车主友善沟通、寻求物业公司的帮助、在自己车位上设置提醒等手段外,还可以走法律途径。车位使用权人需准备与物业签订的车位租赁协议或者与开发商签订的车位购买合同,保存好车位被侵占的视频或者其他证据,然后报警,理性维权,寻求律师等法律专家的意见和帮助。

四、关联法条

《中华人民共和国民法典》第二百七十四条、第二百七十五条、第二百九十九条、第九百三十七条、第九百四十二条;

《最高人民法院关于审理建筑物区分所有权纠纷案件具体应用法律若干问题的解释》第六条。

谁在占有虚拟产权式商铺

近些年,国际上越来越流行产权式商铺,其是所有权和经营权分离的一种房地产商铺产品形式,虚拟产权式商铺是其类型之一。虚拟产权式商铺是指开发商将大型商业项目,分割成若干没有物理空间的小面积单元进行出售,投资者拥有商铺的产权,但并不独立经营,而以租赁或委托经营的方式交由第三方公司经营使用,投资者取得收益的房地产开发模式。开发商或是第三方公司进行统一经营、统一管理,多采取售后返租的方式保障投资者的经济利益,其中所有权与经营权分离是产权式商铺的核心理念。这种单独所有权和整体经营权相分离的经营模式在当下越发流行,但因其不同于传统的商铺经营方式,也容易在各方当事人之间产生纠纷。

一、案例简介

(一)基本案情

2012年,原告张某与新疆某房地产开发有限公司签订《商品房买卖合同》,购买位于喀什市的案涉商铺。

2013年9月4日,原告张某与喀什某实业公司签订《商铺租赁代营合同》,约定原告将该商铺交给某公司租赁经营,返租期限为3年,合同到期后双方未续签,商铺闲置。被告喀什某有限公司负责经营管理原告商铺所在的国际商贸城。原告张某认为其未将案涉商铺出租给任何人，而案涉商铺位于被告负责经营管理的国际商贸城内，因此案涉商铺实际上被被告占有、使用。为此原告张某向法院起诉请求判令被告停止侵权，返还原告的商铺，要求被告向原告支付占用商铺期间的使用费等。①

（二）法院裁决

1. 一审判决

一审法院认为原告未提供足够的证据证明其商铺由被告喀什某有限公司占有、使用，原告向法庭提交的证据不能证明原告的主张。因此，对原告要求被告支付占用商铺期间的使用费、返还商铺的诉讼请求，法院不予支持。

2. 二审判决

二审法院认为本案中，上诉人张某购买的产权式商铺仅为新疆某房地产开发有限公司开发的国际商贸城的一小部分，与其他商铺之间并无永久分割围护结构，且走道为共用，商铺之间具有不可分性，若上诉人张某无限制行使其所有权，必定会对国际商贸城经营产生一定影响，从而损害其他业主的合法权益，最终造成社会财富的极大浪费，故上诉人要求返还原物的诉求于法无据，法院不予支持。一审判决认定事实清楚，适用法律正确，实体处理恰当，应予维持。

二、以案说法

本案的争议焦点有两个：第一是被告应否返还案涉商铺；第二是无人租住情形下被告是否构成侵权。

---

① 详可参见（2023）新31民终1062号判决书。

(一)案涉商铺的性质

被告应否返还案涉商铺取决于案涉商铺性质。若因占有物被他人非法侵占,占有人有权请求返还。但本案涉案商铺在性质上不同于一般意义上的店面商铺,其不具有物理空间,不被占有,系虚拟产权式商铺。所有权与经营权分离是产权式商铺的核心理念。《中华人民共和国民法典》(以下简称《民法典》)第二百七十一条规定:业主对建筑物内的住宅、经营性用房等专有部分享有所有权,对专业部分以外的共有部分享有共有和共同管理的权利;第二百七十二条规定:业主对其建筑物专有部分享有占有、使用、收益和处分的权利。业主行使权利不得危及建筑物安全,不得损害其他业主的合法权益,而虚拟的产权式商铺的特征要求所有权必须与经营权分离,这就产生了单独所有权与整体经营权的矛盾,也就是本案争议焦点。

首先,由于案涉商铺销售不是物理形态的空间分割模式,案涉商铺投资者的产权只是商铺所有权量的抽象分割,每一买受人仅享有整个商场的相应价值份额,也就是纸面上的数字而不是商场分割而成的独立物。其次,从合同签订的目的来看,商铺投资人购买商铺的目的是为了获得稳定的租金收益或者"分红"红利。本案中,原告购买的产权式商铺仅为新疆某房地产开发有限公司开发的国际商贸城的一小部分,与其他商铺之间并无永久分割围护结构,且走道为共用,商铺之间具有不可分性,更多的是属于利益分配的份额化而非建筑物经营权。如果被告返还店铺会影响大厦整体的经营,损害其他业主的权利,所以被告无需返还案涉商铺。

(二)侵权的判定

《民法典》第四百六十条规定:不动产或者动产被占有人占有

的，权利人可以请求返还原物及其孳息。判定被告侵权的前提是存在不动产由被告占有使用，但是在本案中，不存在不动产由被告占有使用。根据法律规定，当事人对自己提出的主张，有责任提供证据。当事人对自己提出的诉讼请求所依据的事实或者反驳对方诉讼请求所依据的事实，应当提供证据加以证明，但法律另有规定的除外。

本案中，原告主张其未将案涉商铺出租给任何人，而是由被告占有、使用原告商铺，但原告未提供足够的证据证明其商铺由被告占有、使用，原告向法庭提交的证据不能证明原告的主张。此外，根据相关证据可以看出，案涉商铺不仅没有产权证，而且没有具体物理空间。原告与开发商签订商品房买卖合同时，未确定所购买的案涉商铺的具体界址，而且原告向法院提交的《商品房买卖合同》《商铺租赁代营合同》、单方制作的房屋分层图以及几张现场图等证据均未能证实案涉商铺的具体位置。故在案涉商铺的位置确定之前，无法确定是否构成侵权。

因此，对原告要求被告支付占用商铺期间的使用费，返还商铺的诉讼请求，证据不足。此种情况法院不能支持原告诉讼请求。

三、专家建议

由于虚拟产权式商铺没有实质意义的不动产界址，与传统意义上的租赁商铺经营不同。投资者购买此种商铺，主要目的在于获取收益。此种商铺与其他商铺在使用和经营上具有整体、不可分割性，单个业主无法通过独立使用、经营其购买的商铺获益，必须通过与其他商铺整体管理的方式才能产生收益。司法实践中，通常认为虚拟产权式商铺各买受人之间为按份共有关系。虚拟产权式商铺无法单独确权登记或返还，商铺投资者面临较大的投资风险,甚至可能会"钱铺两失"。因此,面对此种投资模式,投资者需要谨慎!

四、关联法条

《中华人民共和国民事诉讼法》第六十七条;

《最高人民法院关于适用〈中华人民共和国民事诉讼法〉的解释》第九十条;

《中华人民共和国民法典》第二百七十一条、第二百七十二条、第四百六十条。